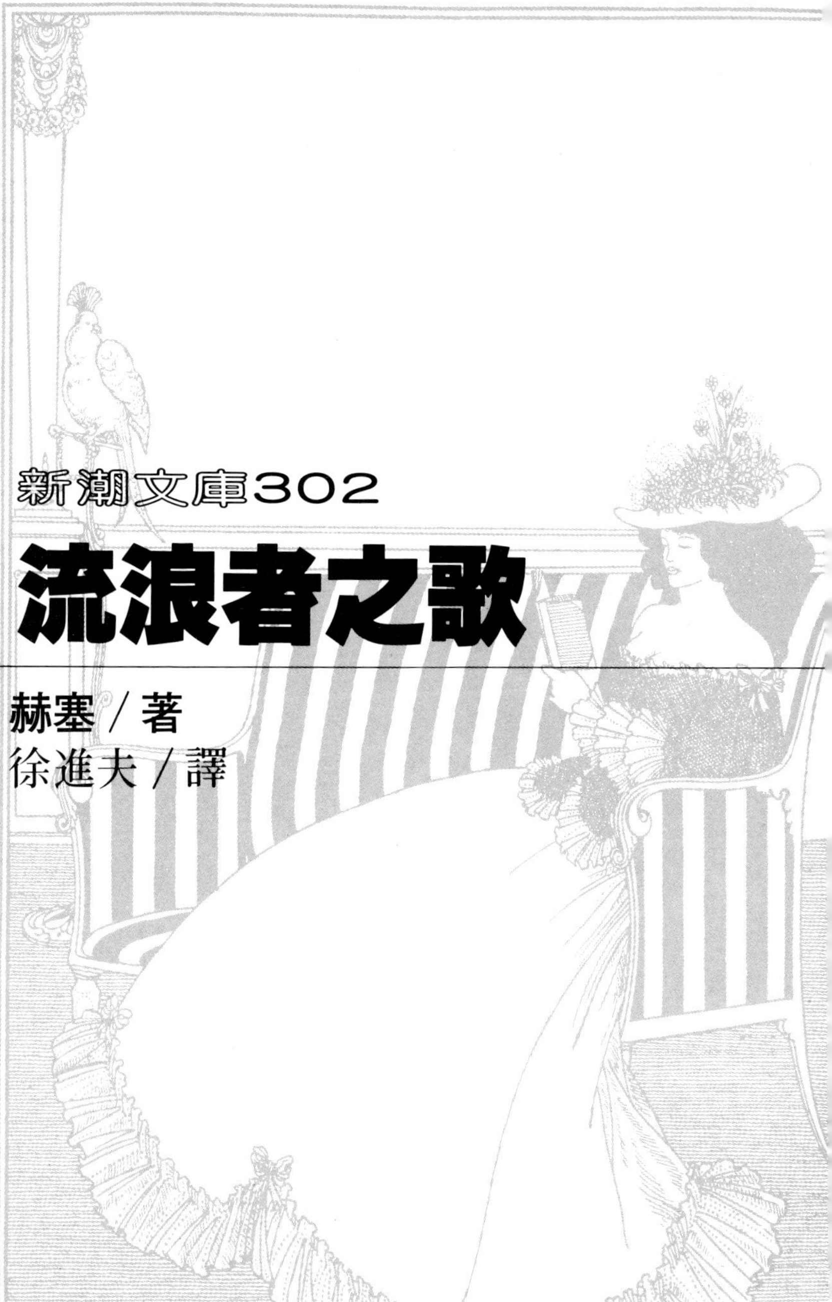

新潮文庫302

流浪者之歌

赫塞／著
徐進夫／譯

德國詩人、小說家：赫爾曼・赫塞(Hermann Hesse, 1877～1962)。1907年三十歲時攝。

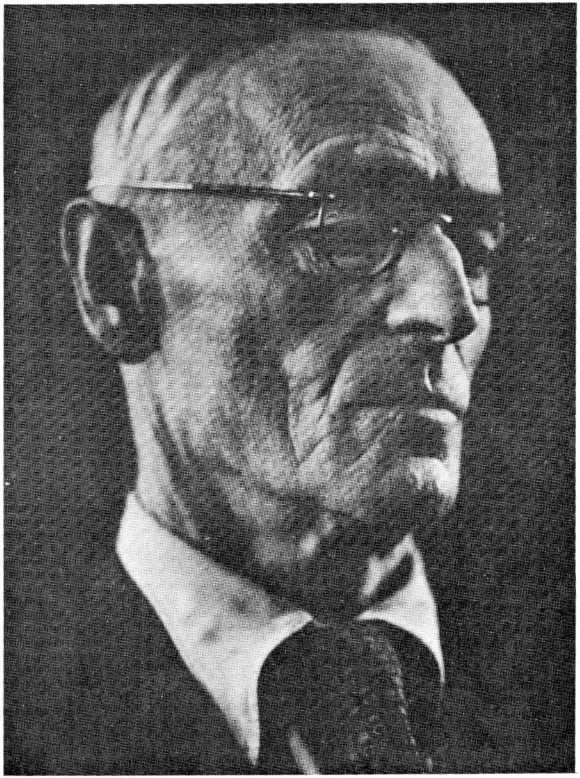

1946年榮獲諾貝爾文學獎時的赫塞。

父親約翰涅斯・赫塞。

年輕時候的赫塞母親(19歲時攝)。

杜賓根時代，21歲的赫塞。

四歲時的赫塞。

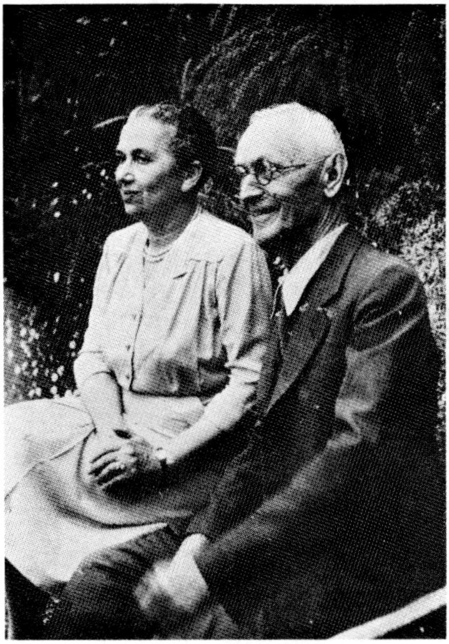

赫塞與第三任妻子妮儂。

赫塞與第一任妻子瑪莉亞。

赫塞夫妻與次男海那。

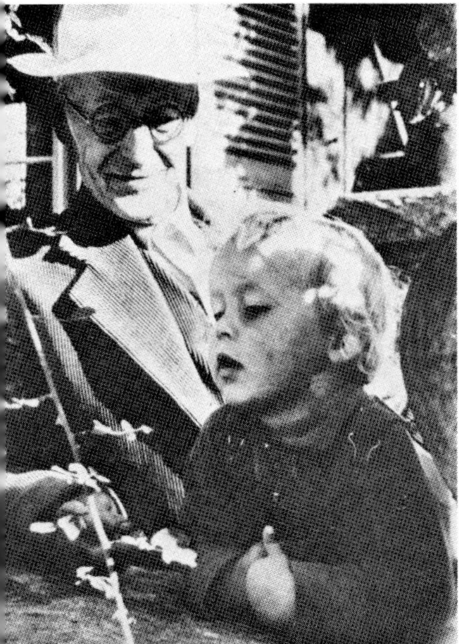

赫塞與小孫子達費特。

本書的插畫。

赫塞1919年後所住過的南端士魯加諾鎮的風景。

赫塞晚年時代的家。

在蒙達紐拉赫塞家的大門・上面掛着謝絶訪問("Bitte Keine Besûche")的牌子。

目次

下、第二部分

譯序

譯者拿到這本書的英譯本後，即到幾家圖書館查了一下卡片，結果發現，它已有四個中譯本了(也許還不止此數)，本來不想多此一舉了，但後來在舊書攤陸續看到上述這個譯本，於是買回細細讀了一遍，感到它是一本好書，寫得非常深刻，可見作者是一位頗有功力的人（此處指其內容而言），而這四個譯本，也都各有所長，各擅其美，唯美中不足的是，仍有若干地方，與原旨似有出入，因而認為：既是一本好書，且譯文仍有改進的餘地，那麼，不但可以重譯，而且值得重譯，乃至重讀了，於是，就不揣淺陋，決定重譯了。

本來，翻譯文學作品，尤其是小說作品，最忌插口打諢，加上譯註，是很不知趣的事，但這是一本哲理小說，有些術語，如果照本宣科，不加解釋，一般讀者恐有不知所云而有隔靴搔癢之憾；為免此憾，於是將若干專門用語，特別是有關印度教和佛教、而含義深奧者加以譯註。此種工作，詳略繁簡之間，頗難取捨抉擇：太略，則語焉不詳，不如不註；太繁，則不但喧賓奪主，且牽枝引蔓，愈註問題愈多，愈是糾纏不清，愈是有礙文學欣賞之樂，吃力而不討好，自然不在話下，但也不可因噎廢食，繁簡問題，只好憑譯者的估計和資料所及「酌情辦理」了，好的是，註語不夾雜於本文之中，根基深厚的高明讀者，不妨略而不閱。

又，印度經典中的人名地名，皆有象徵或表意的作用，與其上下文皆有密切的關係，故而書中幾個主要角色和少數幾個地方的名字，也一併略註了。又，書中各種專門術語和人名、地名，皆取我國已經譯出且較流行的譯語，不但避免「標新立異」，且可使熟悉舊有譯語的讀者有「如數家珍」而無生疏之感。

譯者譯完本書第一部分之後，深深感到，一般讀者，對於主角悉達多，見了大覺世尊，對他的教義和神采，既然十分敬佩，為何卻又離他而去，這種動向，也許不知所云，讀到此處，難免有些大惑不解；為解此惑，譯者一時心血來潮，遂不掩醜拙，嘮嘮叨叨，在第一部分後面的譯註之後添了一段蛇足，做了一個不合禪學要求的解說——在明眼人看來，這叫做「佛頭著糞」，其過瀰天！——高明讀者看了，或許會覺可笑，但為了一般讀者，譯者也就只有擔承罪過，請求高明見諒並略而不閱了。

又，原擬在相關章節部分，加以點睛或點題式的「著語」，但覺上面所述那些譯註和解說已夠令人討厭和不耐了，如再嘮叨下去，那可真的要自討沒趣了，因此決定，還是漂亮些自動省了的好。

本書原以主角「悉達多」(Siddhartha, 1922)之名為書名，但因此名原係釋迦牟尼出家之前的名字——通常略譯為「悉達太子」——而在本書之中所指，又因另有其人，且皆為我國一般讀者所不知，故而皆為中譯者所不取，除一本依照字音略加變通，將其譯作「釋達坦」，以示區別之外，其餘三本皆譯為「流浪者之歌」。此名甚美，頗有令人「想入非非」的「羅曼蒂克」意味，但本譯譯者覺得，美則美矣，惜與原作的根本精神不符，有失忠實，而忠實為譯事信、達、雅或真、善、美三德之首，不可忽視，何況太泛？(可以作為其他許多作品的名稱——包括本書作者本人的其他若干作品在內，頗易混淆)故亦不取，經斟酌再三，依照古人譯經的辦法，來個兩全其美的並舉，將其正名為「悉達求道記」(「悉達」為「悉達多」之省稱，看過佛典的讀者都知此名，而此名雖非直指佛陀本人，但也並非與世尊毫無關聯，不妨稱之為「小釋迦」；「求道」是本書主角的根本課題，既非無意識的「流浪」，亦非被環境或時事所迫而流離失所，而是發心或立志追求解脫之道；而「記」則是描寫「求道」歷程的記述，以「記」做小說之名的例子很多），如此，不但保留了原書的名稱，同時亦標示了原書的旨趣（順便一提：書中各章標題，亦做了同樣的處理），自非刻意「標新立異」。不知讀者以為然否？

至於本書的作者赫爾曼・赫塞（Hermann Hesse），不但早已成了世界文壇巨人，而且甚受我國讀者所歡迎，他的作品，除了其他各家出版社所出不計之外，單是要印本譯的志文出版社，就已刊行了他的《徬徨少年時》(*Demian*, 1919)，《鄉愁》(*Peter Camenzind*, 1904)，《心靈的歸宿》(*Unterm Rad*, 1905)，《生命之歌》(*Gertrude*, 1910)，《美麗的青春》(論文選譯)，《藝術家的命運》(*Rosshalde*, 1914)，《東方之旅》(*Die Morgenlandfahrt*, 1932)，《漂泊的靈魂》(*Knulp*, 1915)，《荒野之狼》(*Der Steppenwolf*, 1927)，《知識與愛情》(*Narziss and Goldmund*, 1930)，以及《讀書隨感》(讀書短論集)等十一部之多，加上鉅著《玻璃珠遊戲》

(*Magister Ludi* = *The Glass Bead Game*, 1943)，雖非全集，也相距不遠，而書前書後所作的介紹文字，已經不知凡幾，故而譯者也不想在此再加贅述了；就以欣賞這本譯作而言，我們只要知道：他對印度的思想、生活，東方的佛教，尤其是中國的老、莊和禪，不但至為激賞，而且還有相當高明的見地和深刻的體驗，也就夠了，因為，有了這個認識，讀時就不致看走眼了。讀者看了本書之後，當有同感：單憑文學的構思和想像，是絕對寫不出如此老到的作品來的。

不用說，本譯對於在它之前的四個譯本，自有若干借鏡之處，譯者謹在此一併致以誠摯的謝意和敬意。

徐進夫　謹識

一九八四年五月

本書譯者徐進夫先生(1927～90)是國內一位傑出的名譯家，他曾為本社翻譯過一系列禪學心理學的作品，諸如《禪與心理分析》《禪與生活》《禪學隨筆》《禪的故事》《禪天禪地》《禪的世界》等多達十多種。其中新編《死的況味》一書後來留下五篇之外，全部重編(因原出版社及編著者無法連繫及洽購版權)。徐進夫先生的猝然病逝，是譯壇的一大損失，也令喜愛他譯品的人嗒然若失，彷佛失去一位長年相處的良師益友。

如今重排這本赫塞的名作《悉達求道記》更湧起一份懷思和敬意。本書四年前曾由實驗劇團改編在舞台上演，很多觀眾看了演出對赫塞這本名作更有一份親切感。

本社刊行赫塞作品共計十二部，正如徐進夫先生所說也算是一個「小全集」。史懷哲著作也快接近九本了。這二位作者長期以來都擁有忠誠的讀者，這應該緣於赫塞的作品忠誠的表白自己的心路歷程。許多年輕朋友從這些軌跡中看到自己結繭脫蛹的過程。這些描寫心靈掙扎，釋放的心路，特別撼動讀者的心弦。史懷哲則以擁有四個博士的「歐洲才子」獻身非洲，在蘭巴倫留下一個六百多個床位的「史懷哲紀念醫院」，成為二十世紀人類愛最高的表徵，繼續影響懷有理想的追隨者。

心靈、精神的重建，在邁入二十一世紀的前夕，更增加了它莊嚴的使命，進入創業三十周年的新潮文庫，期許在大家鼎力支持下，百尺竿頭，更上層樓，願以此與敬愛的讀者共勉。

編者補誌

一九九八年五月

赫塞的生平和名作《悉達求道記》

一、其人與文學

赫爾曼・赫塞(Hermann Hesse, 1877~1962)於一八七七年七月二日生在德國南部——流經黑色森林的納格爾特河的小鎮卡爾夫。

在德國的作家當中，同樣獲得諾貝爾文學獎的湯瑪斯・曼（一九五五年歿），晚年也住在瑞士，而且很接近赫塞住處的里爾克(一九二六年歿)，只比赫塞大二歲；與赫塞同樣得到最高文學歌德獎的漢斯・卡洛薩（一九五六年歿），小赫塞一歲。在法國的作家中，赫塞比好友羅曼・羅蘭（一九四四年歿）小十一歲，比紀德（一九五一年歿）小八歲。這二位法國作家也都是諾貝爾文學獎得主。這些代表德、法兩國文學的名作家，不僅時代相同，而且在精神上和赫塞緊緊相連。其中只有里爾克早逝，未能和赫塞更加親近，但是，對二十一歲尚沒沒無聞的書店店員赫塞所寫的第一本散文集給予很高評價的極少數評者之一，就是里爾克。

赫塞和羅曼・羅蘭之間的深厚友誼，建立於第一次大戰期間彼此對和平和人道主義的熱情，和湯瑪斯・曼是從第二次世界大戰前後互相敬愛、安慰的好友。湯瑪斯・曼甚至稱赫塞為「走在淚谷裏的老伙伴」。又說：「你絕不可先我而死。」至於卡洛薩和紀德，則十分懷念的寫下前往南瑞士訪問赫塞的經過。

赫塞的根深深種植在德國的故鄉，同時也繼承世界市民的豐富血統。外祖父赫爾曼・耿德爾特出生於德國南部，以傳教士身分到達印度，然後與法國血統的瑞士女性結婚。這對夫妻在印度生下瑪麗・耿德爾特。女兒長大後，首先和英國傳教士結婚，丈夫死後與俄國出生的約翰涅斯・赫塞結褵，生下赫爾曼・赫塞。

赫塞的父親雖然是德國北部的人，但屬於俄國國籍，隨著瑞士傳教團到達印度。僅由這點，可看出他身上有德北、德南、俄國、法國、英國、瑞士等混合的血統，而且祖父母和父母都與印度有密切的關係。尤其是和赫塞來往密切，共同研究禪的表弟，漢堡大學教授W・耿德爾特，曾在日本生活三十餘年，並將禪宗要典《碧巖錄》譯成德文。赫爾曼・赫塞有世界市民的特質，就是起源於這種複雜的血統，與生俱來的天性使他無法成為褊狹的國粹主義者。

外祖父出身於篤奉新教的牧師之家，居住在最富德國特性的地方，甚至被稱為「聖經的耿德爾特」。赫塞耳濡目染，繼承了德國的神秘主義和虔誠主義的精神，吸收了希臘、拉丁的思想，精通拉丁語，嚮往中世哲學，欣賞到貝多芬為止的德國古典音樂。在家庭裏，早晚都在印度書籍和佛像等等之間成長，同時與來自世界各地的訪客接觸。

祖父是傑出的印度語言學家，父親還寫過有關老子的書。赫塞在這樣世界性的教養中成長，使其在八十歲以後，仍能以古今中外為題材，專心研究禪，繼續追求思想性、宗教性的奧秘。

據說，赫塞的故鄉席瓦本人，愛護鄉土的觀念非常強烈，而赫塞也常以深厚的愛情描述他生長的故鄉。可是席瓦本人又有喜歡流浪異鄉的特性，實際上「席瓦本」原就有「流浪」的意思。在赫塞的性格裏就擁有這兩種特質，既熱愛故鄉，卻又嚮往異鄉，在流浪中懷念故鄉，也許是世人共有的心情，然而赫塞作品的魅力之一就在這裏。

赫塞所流露的流浪者之心境，旅行時的喜悅和悲哀，只要看過《鄉愁》、《漂泊的靈魂》、《知識與愛情》之後，必對他的深刻描述留下強烈的印象。《鄉愁》又譯作

《徬徨的青春》，正表現出這位主人翁的懷鄉之情和流浪心情，讓人覺得有趣。

赫塞很喜歡徒步旅行，尤其喜愛義大利之旅，也到過更遠的馬來半島，蘇門答臘，錫蘭等地方，而事實上，他的思想性遊歷甚於地理性的旅行。他研究基督教、猶太教、古印度的奧義書、佛教、孔子、老子、禪、柏拉圖、中世紀的神秘主義、歌德、尼采、杜思妥也夫斯基等，然後將其做為自己創作的血肉。

赫塞的流浪是走向涅槃之路，最後是為救濟心靈的巡禮之旅。這個路是左右皆不通，而是通往自己的心靈，只有在那兒才能得到神的救助，他把這種情形稱為「通往內在心靈」。赫塞一面演奏「孤獨者的音樂」，一面在「通往內在心靈」上「流浪」。以他的詩集、小說集、和詩文畫集所用的三個作品名稱，即可組成赫塞一生的心路歷程。

《鄉愁》是追求應如何生存的流浪記錄。愛好天上的流浪者「雲」的自然之子，立志要自我教育，接觸到都市的生活，對現代文明產生批判思想，以自己的方法得到生活的智慧。在這裏開始追求的「愛的藝術」和「死的藝術」，都在《知識與愛情》中獲得美好的結果。這是暗示由於知與愛、真與美的融合，方能創造最高的境界。

赫塞在下一篇的《東方之旅》，又走上尋求新「道」之旅，然後在最後的鉅作《玻璃珠遊戲》中，如同歌德的《遊歷時代》，成為一種追求理想國的綜合性世界觀的小說。

赫塞這個孤獨的流浪者，他一面走在通往內在心靈，一面以世界性的領域追求人類的終極問題。所以，他做為藝術家，完全以追尋「真正自我者」為目的的「獨行者」，後來則有了與人相同的思想——考慮關於人類和生活。一如他告訴年輕人自己是「共同煩惱的人」，是對人生的問題、現代人的課題共同思考與煩惱的人。

由是，赫塞自稱不屬於天主教、馬克思主義、及其他任何組織，而是個自我主義者「固執之人」。他正是這樣的一個人，對自己誠實到近乎頑固的程度，對新聞界則保持超然的態度，但站在自己獨特的立場，展開具有現代代表性的思想方向。

赫塞是抒情性的詩人，另一方面卻是對自己做自我探索的一貫告白者，所以比自然主義或印象主義有更強烈的表現主義的一面。又，追尋「真正自我者」的想法，是以希臘的賓達羅斯及歌德、尼采等人的生活方式為基本，這與代表現代存在主義的沙特所主張「人類是自我創造的」有一脈相通之處。並不是甘願接受外來的限制，而是自行設定自己的法則，所以人類是自由的，同時也孤獨的負荷責任和苦惱。在這一點，赫塞明顯的表示出其主體性，也可說是存在主義。雖然他始終逃避都市，過著隱居者般的生活，可是赫塞從還沒有「存在主義」這個名詞之時，就已採取存在主義的立場了。

又如，精神分析在近年來以新學問的姿態出現，但把小說當做「靈魂傳記」來寫的赫塞，卻在很久以前就開始分析人類的靈魂，重視潛意識的言行或夢。後來接受精神分析的治療，並進行研究，從很早便使用精神分析的方法。《鄉愁》、《心靈的歸宿—車輪下》、《知識與愛情》等作品，就含有許多深層心理學的要素。

二、生活與作品

幼年時代　赫塞出生的家，至今依然留存在卡爾夫鎮。在慶祝七十五歲生日時，在這個家掛上紀念赫塞誕生的扁額。在《心靈的歸宿》中也常出現的橋旁的歌德式小教堂，仍和過去一樣維持原貌。可是，赫塞不到四歲時，全家遷居到跨於萊茵河而與德國鄰接的瑞士都市巴塞爾，因為他的父母接下了該地傳教會的基督教雜誌編輯的工作。

赫塞四歲左右時，已經以異常的智力和體力，令大家感到驚訝，可是他的激烈胡鬧也使母親困擾。四歲時開始作詩，以自己的曲調吟唱。當時的詩還留存至今，可以說他是天生的詩人。據說不滿六歲時就知道法國中世紀有個敘情詩人布倫德爾，因此叫玩伴們稱呼他為布倫德爾，可見他很早就以詩人自許。母親敘述的獨特童話，也成為他培養這種詩意的食糧。

家的後面是片寬闊的原野，赫塞喜歡徜徉於草原上，以蝴蝶或蒲公英為玩伴。天生的詩人，同時也是天生的自然之子，自幼就這樣在草原上嘗受孤獨的喜悅和悲愁。九歲時，全家又回到德國的故鄉卡爾夫鎮。

十歲～二十歲　赫塞在十歲左右，為妹妹露拉寫了一篇〈兩兄弟〉的童話。敘述一個驕傲的哥哥和柔順的弟弟，內容生動有趣，體裁已很完備。

赫塞必須為繼承父親的牧師之職，接受神學院的艱難考試，其前後經過在《心靈的歸宿》中有詳細的記述。為了準備考試而放棄釣魚和飼養兔子，拚命努力的結果，終於在十四歲時進入墨爾布隆的神學校，既可以公費進入大學，又能保證牧師為終生之職，不知羨煞多少人。可是入學不久，即遭遇「內心的風暴」，不得不從大家夢寐以求的學校退學，那是因為他認定：「除了詩人之外，什麼也不想做。」

其實，赫塞自幼便很希望當魔術師，果然，他達成了以語言和幻想做為魔術師的詩人願望。可是，少年的赫塞無法具體的發現通往詩人的路，由於迷惘和絕望，使他產生嚴重的精神衰弱，最後企圖自殺。以後的一段時間，赫塞少年無論做什麼都不稱心，他的將來看來也黯然無望了。

十六歲時再度進入高中，可是賣掉課本，買來手槍。他的行為已脫離常軌，不到一年又退學了，然後在一家書店當店員，然而工作不到三天，潛逃失踪了。後來在家裏幫助父親，不久母親病情加重，為了不使母親過分擔心，便到卡爾夫鎮的一家小工廠當學徒，學習研磨齒輪。這是一段相當艱苦的時間，但他終於克服了，以自己的力量奮發向上、努力自修的程度，達到「已能征服半個世界的文學」。

十八歲時，在大學城杜賓根的赫肯豪書店當實習店員。如果當年在神學校能認真用功，他應該可以公費進入這所大學，成為這裏的學生。

二十～三十歲　赫塞以堅強的毅力克服孤獨和失意，努力讀書和作詩。二十二歲時，寫出處女作《浪漫之歌》詩集。可是，沒有一家出版社肯為無名的店員出版詩集，赫塞便以自費出版四十四頁的小冊子，當然不會有任何反應。接著又出版散文集《午夜後的一小時》，印製六百本，但在一年的時間裏只售出五十三本。可見，獲得諾貝爾文學獎的文豪，起步時也是艱辛的。

賣書的人逐漸變成寫詩的人，這種情形看在店主的眼裏，當然很不愉快，而赫塞也為了改變環境，轉到巴塞爾的書店，然後在那裏出版詩文集《赫爾曼·洛雪爾》。文中對母親的懷念，已被列為赫塞最美麗的文章。

二十五歲時，《遠山的天空》的詩人卡爾·布瑟，將赫塞的《詩集》列入德國新進抒情詩人叢書。赫塞以此做為自己成為詩人的證據，想獻給為自己能成為詩人而受盡艱苦的母親，可是母親在此之前去世了。

接著寫出的第一個長篇《鄉愁》，以新穎的文體和生活感情引起極大的迴響，赫塞的聲名因而大大提高。此時，赫塞與大他九歲的瑪莉亞結婚，在萊茵河畔過著田園生活，專心於創作。《心靈的歸宿》等中短篇，就是此時的收穫。

三十～四十歲　雖然接連寫出《美麗的青春》、《生命之歌》等傑出作品，可是與生俱來的流浪癖，使他不能安居在田園，而且婚姻生活也發生問題，於是從一九一一年夏天到年底前往新加坡、錫蘭旅行。在亞洲的殖民地並沒有發現古老的印度精神，結果悵然失望而歸。

移居瑞士的首都伯爾尼郊外，在《藝術家的命運》描述婚姻生活破裂的情形。在險惡的環境裏，仍然完成《孤獨者的音樂》（詩集）、《漂泊的靈魂——流浪者的故事》、《梅爾恩》（童話）等美麗作品。這些書出版時第一次世界大戰已經爆發。赫塞為慰問德國俘虜，義不容辭的做奉獻性工作，同時發表反對戰爭評論。這件事使德國大感不滿，遭受新聞界排斥。這個時期，羅曼・羅蘭來訪問他，發現知心好友是赫塞唯一的安慰。赫塞由於身心交瘁，羅患神經衰弱，接受著名精神分析學家楊格的門生精神科醫生蘭克的治療，住進魯柴倫郊外的松麻特療養院。

四十～五十歲　戰爭結束後，赫塞獨自隱居在南瑞士的蒙達紐拉，準備專心寫作。此時，以匿名發表自我探索的故事《徬徨少年時》，對戰後的年輕一代給予雷擊般的刺激，並以此書榮獲方達諾獎。然後，更致力於「內在心靈」的探索，寫成印度的求道故事本書《悉達求道記——流浪者之歌》。這是藉釋迦出家前的身分，說出求悟的體驗；並對花紅柳綠的萬象，以自然的愛去肯定這一切。可是，第一次世界大戰後的現實社會，無論是國家或個人，都走向物質性的利己主義，失去了神，使靈魂飄浮無根。

在這樣的社會裏，赫塞覺得自己是社會的局外者。這段時間，赫塞和精神病更嚴重的妻子瑪莉亞離婚，與無名的年輕歌手露蒂（原姓布恩卡）結婚。前妻瑪莉亞大赫塞九歲，第二任妻子露蒂卻小他二十歲，這都不是尋常的事。再婚生活持續三年左右，無法像一般丈夫對待妻子的精神衰弱的赫塞，被露蒂以性情古怪之由提出離婚訴訟，正式判決離婚。

《荒野之狼》描寫西方的精神受到外在的機械文明之破壞，使人類失去主體性，赫塞一再提出這樣的警告。為紀念五十歲，出版《荒野之狼》。

五十～六十歲　描寫知與愛、精神與官能、哲學與藝術、真與美的對立與融合的長篇《知識與愛情》，於一九三〇年出版。追求美與真的人類之願望，繼續表現在虛構的故事《東方之旅》中。曾經是諷刺畫家杜魯賓之妻的妮儂，仳離後於一九三一年在蒙達紐拉的新居和赫塞結婚。端麗而有理智、且教養良好的妮儂，成為赫塞的機要秘書，也是理想的伴侶。與她共同生活後，一向不安定的赫塞，在生活或寫作方面都趨於安定，進入成熟的境界。寫出尋求真善美和信仰的人們，前往光明的故鄉巡禮的超現實故事《東方之旅》。

六十～七十歲　對二十世紀的戰爭和新聞界的強烈批判，及嚮往高度的精神文化性理想國，使東西的學術和文化融合的大作《玻璃珠遊戲》，因逢戰爭，無法在德國出版，勉強在瑞士付梓。在這期間，納粹的暴力政治和第二次世界大戰瘋狂般的席捲歐洲，使赫塞的書籍遭納粹的德國禁止。

這個風暴結束後，赫塞得到新德國的歌德獎，接著獲得諾貝爾文學獎，苦難的路終於得到回報。

七十～八十歲　在德國及瑞士各地舉行七十五歲的生日，同時出版《赫塞全集》。赫塞勤於給年輕人寫回信，也不斷的寫回憶隨筆。第二次世界大戰後，老赫塞不但獲得諾貝爾文學獎，而且也得到另外幾個大獎。

八十～八十五歲　雖然經常生病，但以清澄的智慧和豐富的感情，不時寫詩或隨筆，也接觸易經和禪。他把竹子或茶花種植在庭院，將思想寄託在禪上，並專心研究生與死的藝術。最後在世界各國的讀者為他慶祝八十五歲生日後不久，便因腦溢血，於一九六二年八月九日在睡夢中結束了八十五年的生命。

關於《悉達求道記》

——流浪者之歌

一九一九年，靈感就如決堤的河水般，以江流奔瀉的氣勢，在冬天一口氣把《悉達求道記》第一部完成了，並且進入第二部，但就在這裏停筆了。《悉達求道記》(*Siddhartha*)就此足足停頓了一年半，直到一九二二年底才完成出版問世。

赫塞在這部作品中，是想藉釋尊出家以前的名字「悉達太子」，探討一個求道者達到悟道體驗的奧秘。「悉達多」，雖然是由有成就的人（悉多哈）和目的（阿爾特哈）連結而成，但並非受到已達涅槃的佛陀之教誨或讚美而得道，完全是赫塞本身對宗教體驗的告白。

由於其體驗的切實性和探求的獨自性，加上具有旋律之美，這部單純而含蘊深厚的作品——《悉達求道記》，成為赫塞藝術的一個高峰。

這部作品在印度本土也受到重視，被譯成印度十二種方言，使作者聲名大噪。此外在翻譯成其他國家語言的書籍而言，赫塞的作品也是最多的。德語版於一九七〇年共銷售了四十一萬本，列為赫塞作品中的五大暢銷書之一。

赫塞說，「把文學解釋為告白，無疑的，這個解釋非常褊狹，但也只有這樣解釋。」又說，一般而言，藝術是作家使自我的可能性作充分的發揮和燃燒，在所有分化、分裂的範圍內，毫無保留地表白出來。《悉達求道記》就是這種告白，並不是解釋得救之道或顯示解脫之道的結論。在這一方面，赫塞在《悉達求道記》所到達的境地，是他自己達到的體驗，是佛教所謂自了的羅漢或獨覺，而不是濟渡一切眾生的菩薩。赫塞在作品中反覆陳明，重要的不是教誨等言語，而是體驗的秘密。雖然那是赫塞的悉達多的個人體驗，但透過體驗的直覺性和真實性，成為象徵、暗示，而獲得解脫的秘密。這就是文學的美和真實性，所以也就有界限。文學的任務不在使人得到「解脫」。

《悉達求道記》的副題是〈印度的詩〉，由於對印度精神的深切嚮往而寫成，但絕不是向印度一邊倒，也不是歌頌佛教。他甚至於和婆羅門教或佛教對決，然後超越。

而印度詩也沒有能成為單純的印度詩。在那單純化的美妙旋律的文章中，有佛陀的教誨和人格，巴迦瓦德・基塔的奧義書，吠陀和歌德的泛神論，浪漫主義的神秘體驗，虔誠主義的沉潛，杜思妥也夫斯基的深淵與混沌，尼采的永遠回歸和超人等，匯合而成一種強烈的漩渦。這個作品就是這種信仰的一份告白。

赫塞的一生都在專心研究中國及印度的智慧，有時並把他的新體驗用東方的比喻來形容，所以人們常說赫塞是佛教徒。

赫塞的家庭，從他祖父時代就有濃厚的印度氣氛。他的表弟耿德爾特說，一個與赫塞素不相識的法國女占卜師看了赫塞的相說：「你在歐洲是個外國人；你前生是喜馬拉雅山中的隱者。」可是，赫塞到印度遊歷時，仍舊覺得自己是個外國人，並深切感受到他的樂園不在東洋的南方，而是在自己北國的未來中，甚至於只有存在於他的自身之中。

由此看來，不能說《悉達求道記》的作者，就是「誤生在歐洲的印度詩人」。不如說，「在文學的本質上是德國北方性的，但在精神追求上卻是南方的，」較為妥當。和歌德及尼采一樣，赫塞也是如此。歌德以達到羅馬的那一天作為再生開始算起，赫塞的「流浪」之旅，從北向南，就是象徵這種情形。又如以《東方之旅》所象徵的，赫塞志在印度或中國，與其說是回歸亞洲，不如說是意味著東西方最高層次的精神會合。雖然，正如作者所說的：「悉達求道記，旨在表示對東方的感謝，但即使是在印度性的東西中，也有杜思妥也夫斯基的東方氣息，浮士德的北方味道，基督教西歐的精神，尼采的希臘風格，也都深深融合其中。」所以，在下一個長篇《荒野之狼》，與《知識與愛情》中，雖然有現代與中世之間的差異，但以德國為背景，面對兩個浮士德化的靈魂，正如他所說的，是「生長與變化的人」。不應該因為他寫了《悉達求道記》，就把他看作東方人。

同時，這個作品也並不是赫塞所到達的最後絕對的境地。我們應該會想到，這個作品並非以佛陀為名，而是採用得道以前的悉達多做題名。在最後一章裏，主人翁說：「就整個真理而言，相反的也同樣真實。」重要的是體驗本身的表現，所到達的境地是相對的。而且那也應該是可以「超越」的。在這一方面，他在最後的鉅著《玻璃珠遊戲》中所建立起的精神國度也就能超越了。那顯示出不肯以現狀為滿足、永遠回歸忍受命運的強度。

「你不得終止，就是使你偉大的地方。」（東西詩篇）赫塞雖然不是被視為偉大作家典型的那類人，但根據尼采這句話，無疑他是偉大的。

一九二二年八月十日，赫塞終於向羅曼・羅蘭報告，《悉達求道記》經過三年的努力業已脫稿。然後，正如報告中所說的，第一部獻給羅蘭，第二部獻給表弟漢堡大學的教授威爾赫姆・耿德爾特。又根據八月二十五日寫給羅蘭的信，赫塞接受羅蘭的勸說，參加了在魯加諾舉行的國際會議，在會中朗讀《悉達求道記》的結束部分。能夠了解的人只有少數，因此，印度籍歷史學家卡里達斯・納顧(Kalidas Nag)的了解，使作者喜出望外，頓時兩人成為莫逆。把這個作品翻譯成英文的計畫，更帶給赫塞很大的希望，也證實了人們的思想可以超越時空的距離而作奇妙的結合。當時的赫塞健康固然不佳，但精神很好。與好友羅曼・羅蘭的重逢，與迪亞梅爾的共鳴，納顧教授的來訪等，都使他非常興奮。於是，《悉達求道記》在一九二二年年底出版了。

聰明的青年悉達多成為學德俱優的婆羅門之子，努力學習冥思，祈禱，暗誦「梨俱吠陀」，向神獻供，是父母心中引以為榮的兒子，盼他將來成為偉大的賢者婆羅門之王。他由於精神力的集中，能將象徵萬有的神秘聖音「唵」(Om)作無聲的呼吸，知道自己的內在有和宇宙成為一體的「神我」。可是他深切感覺到，不會由這些知識得救。婆羅門說，梵我不二，我即是梵。可是卻把生主崇拜為世界的創造者，向古老的神奉獻犧牲。依據婆羅門教的看法，真我才是世界的創造者，應該崇拜唯一的真我而奉獻犧牲才對，這種矛盾使悉達多對婆羅門教感到很大的不滿。可是真我究竟在何處呢？但說真我不在肉，不在骨，不在思考，不在意識。追求真我的路又在何處呢？沒有一個人指示出來。雖然奧義書上寫道：「你的靈魂就是全世界」，但實際上有沒有依此做為奧秘生存的路徑呢？這個就成為悉達多迫切達到的願望，他如飢似渴地嚮往這個泉源。

某一天，有一群苦行沙門經過他的城市，他的心忽然對那種斷絕一切感覺、慾望，純粹為精神而生存的沙門生活產生了極大的興趣。於是背叛父親，和好友高閒達一同投入沙門群中。他認為能克制一切慾望，勝過自我，完全成為虛空時，就能覺悟到終極的東西，於是專心研究。但是他又覺悟到，這樣不過是在逃避和痲痺自我，不能成為道中之道，通往涅槃之道。

經過三年苦行之後，覺悟者佛陀將入涅槃、達到超越輪迴境地的消息，流傳開來。悉達多離開沙門群，和高聞達一起到祇園的樹林中拜訪佛陀。對圓融自在而充滿平和的佛陀，悉達多比任何人都敬愛。高聞達對其所說的四聖諦和八正道衷心敬佩，立刻皈依佛法，參加教團，可是悉達多對佛陀的教說還是批判性的，因此和朋友分手。他對佛陀以因果律解釋生成流轉一切現象的完美緣起觀十分讚嘆，但是對佛陀不以此世界觀為中心，卻以解脫為中心感到不以為然。悉達多對一貫的世界相，由未得證明的異質解脫觀中斷的情形感到不滿。統一的世界相受到混亂，使他在生成流轉的多樣變化中尋求統一的知識性渴望，非但不能感到滿足，以除去煩惱和否定生存獲得解脫的說法，也不合他的意思。

佛教是尼采所謂「否定的宗教」（Nein-sagende Religion權力的意志）的立場，赫塞、悉達多與佛陀對立。赫塞徹底的相信生。他肯定佛陀作為解脫的障礙，也就是想要除去的生之衝動。《徬徨少年時》裏，強調本能就是新生的力量。赫塞的宗教基本上就存在著對生的信仰告白(Bekenntnis Zum Leben)。他在這個作品的前後曾說：「痛苦和喜悅都出自相同的泉源，同樣的美和需要」、「肯定生命，認為即使痛苦也是好的」。這和赫塞不是聖者，而是藝術家，《悉達求道記》在根本上不是宗教書，而是詩人的告白，有密切關聯。對一個藝術家而言，絕對的平靜不如高昂的感情那麼重要。《生命之歌》的主人翁說：「從我高昂感情的閃光與戰鬥中產生音樂。」(第二章)在〈查拉圖斯特拉之再來〉中也主張不要迴避煩惱，應該向煩惱奉獻。

像這樣，在根本上和佛陀有不同生命觀的悉達多成為佛陀的弟子，走上了放心、解脫煩惱之路，是欺瞞而已。他不依靠佛陀，獨自走進自我的深處，想尋找所謂悉達多的秘密。到達這種心境時，成為自由的他的心和感覺，就向世界展開了。蔚藍的天空，蒼翠的樹林，滔滔的河水，萬象是多麼美好而奇妙！意識與本質不在某物的背後，而是在一切東西的裏面。過去他把可見的世界斷定是謎，在背叛中尋求得救之路，但現在他對感覺世界有了醒悟。結束第一部〈豁然省悟〉章，就和奧義書及佛教提倡的抑制感覺正好相反，意味著對生的覺醒。

在第二部分裏，悉達多在精神和官能兩方面都體驗到自我與世界。「思想和感覺兩者都是微妙的東西，究極的意義就潛藏在它倆的背面；此二者都值得諦聽，值得玩味，既不高估，亦不輕視，只是寧神諦聽兩者的聲音。」（〈青樓艷妓〉章）。於是他和一般出家人走了相反的道路，從苦行進入享受感覺的世界。赫塞在下一本隨筆《溫泉療養客》中，把那種境界具體而幽默地道出：「就像花易衰但美，黃金不變但死板；自然生活的一切行為，雖然易衰但美，精神不變但死板。為獲得生命，精神必須結合肉體和靈魂。」

悉達多剃掉鬍鬚返回俗世，以其天賜的身心，和艷妓渴慕樂（蓮華之意）享受陶醉的愛情。為證明物質的重要，更去擔任富商渴慕斯華美的管理者，聚斂財物。他還加入昔日蔑視的「小兒們」（市井凡人）群中，恣意享受世俗性的快樂。可是他的心不在這一切活動裏。在和渴慕樂作愛時，卻感到沒有真愛的空虛。他還是無法成為世俗的市民，無法變成小兒。〈生死輪迴〉章裏描述他深切感覺到生活是無意義的循環的情形。這樣的生活方式有意義嗎？他終於又一次拋棄包括渴慕樂在內的世俗的一切。

〈觀河聽水〉章裏，他曾想為斷絕可恥的生而投入水中。正在這刹那，靈魂聽到婆羅門祈禱的密語「唵」（完成之意）。然後在混沌中認識自己，知道生之不滅，最後終因疲勞過度，唸著「唵」入睡。就如古印度宗教認為靈魂是在睡眠中進入梵，悉達多也在睡眠中對無法名狀的東西有了新的覺醒。作為禁慾的沙門的他，作為官能小人的他都死了，新生的悉達多對潺潺流水感到一股深愛。他終於成為聖者般的老渡船夫婆藪天的助手，靠划船、種稻米、收集柴火維生，過著簡樸的生活，但流水教給他無限智慧，特別是時間的不存在。河是不論在泉源或河口都同樣地流動不息，河沒有過去也沒有未來，只有現在。在變化本身中有持續。時間才是人類苦惱的根源，唯有擺脫時間的束縛，人才能獲得幸福。如此思想的赫塞筆下的悉達多，在此終於到達明朗的和平。他從河裏聽到生的聲音，存在者的聲音，永遠生成者的聲音。就如在「關於靈魂」中所說沉湎在靈魂最高、最理想的狀態，也就是無慾望的愛之觀察裏。

同時，他也從事愛的奉獻，赫塞雖然是非社會性的隱者，但對於作為兄弟的人類並不厭棄，並有發自靈魂深處的愛心。他在戰爭中從事奉獻性工作一事，就可證明這點。雖然他不適合作有組織性的社會活動，但在搖渡船的生活裏，表現出聖法蘭斯那種以個人時間為喜悅的態度。兩名渡船夫在把人們渡過去的同時，也給有煩惱的人們靈魂上的幫助與安慰。旅人們大多在看到渡船夫時就會自然說出自己的煩悶和心事，以尋求安慰與幫助。渡船夫內在體驗的力量，給人們帶來光明。那是靜觀與樸素的愛之奉獻，給悉達多帶來安心。

在最後一章〈聲聞之人〉裏，悉達多遇到當年好友高聞達。高聞達成了佛陀的弟子，精進，但到老境仍未獲得安心。臨別時悉達多對老友所談的話，暗示了作者的中心思想。知識能談，但智慧是有生命的，一面敘述並說明心境。

佛陀把世界分為輪迴與涅槃、迷惑與真實、煩惱與解脫。為了教學，只有這樣做。然而世界並不是單面的，任何人的行為都不可能全部的輪迴，全面的涅槃，全部的聖或全面的邪。實際存在的迷惑，有一天會因時間的遷移而脫離輪迴，進入涅槃，或拭去邪而達到聖，這樣加以區別。可是，在想到時間並不存在時，就知道那是隔開現世與永恆，迷惑與真實，煩惱與解脫的迷妄。正如嬰兒也有死，幼兒裏也已經有衰老者一樣，邪中有聖，罪人中也有佛陀的存在。生死即是涅槃，是即身成佛，在進入深刻的冥思時，就能脫離時間，把過去、現在、未來的生，看為同時的現象。如此，一切就很好，是完全的梵。就把這個世界認為是有愛的，雖然不能愛語言或教誨，但可以愛實際存在的東西，也許不過是假象或迷惑。倘若果真如此，自己也同樣不過是假象或迷惑而已。唯其因為是與自己同樣的，所以才能愛。悉達多並不是要解釋和說明世界，而是不輕蔑世界和自己，能夠不憎恨、能平和地看世界，能以愛和讚美並以敬畏來看一切，才是他認為最重要的。在尼采看來是一切根本的「權力意志」，在赫塞則是「愛」，這點值得大家特別注目。

高聞達詰問說：「執愛地上的東西，豈非佛陀所禁止的嗎？」而悉達多回答說：「我的話好像和佛陀相互矛盾，但只是表面上的矛盾，所以我才不相信語言。要普渡眾生的佛陀，不應當忽視愛，因此，在基本上我和佛陀是一致的。」

當悉達多如此說時，高聞達看到悉達多的臉上、手上都發出和佛陀一樣清靜明朗的光輝，於是感嘆地在他額上親吻，想要和他一同超越時間，把輪迴和涅槃結為一體，這時看到悉達多微笑的臉上出現有情無情一切東西的輪迴轉生相。那與超越時空的三世十方無量無數的佛陀之微笑完全相同。高聞達在深深的敬愛中，流淚跪在靜坐的悉達多面前。

這個結尾雖然有令人感動的美，但正如高聞達對悉達多的想法有不了解之感一樣，是含有矛盾的。作者本身也承認這一點。一面把愛看作是無可比擬的，一面站在禁慾的冥想性的精神上。雖然在思想最強烈的地方看出梵我一如、物我不二的奧秘性的泛神論、一貫地嚮往永恆不變的精神，可是卻有讚美對多彩現象界的生成變化的感覺性喜悅。二元的綜合，在理論上還沒有完成。本書反覆想要強調的世界統一(Einheit)的理想，未能清楚表達，的確令人遺憾。可是在所謂悉達多的人格上，卻能把那種對立中的一致，微妙而象徵性地表現出來。令人聯想到的不是大徹大悟、成為三界大導師的佛陀，而是在寂靜中獨覺的辟支佛。這裏有著不能斷然安身立命的危險性。與其說那是作者未能解決的問題，不如說是在反應不想勉強解決的矛盾。所以這個問題重複不斷地被提起。沒有在觀念上作明晰的區分，更令人感覺出作者的誠實性。

總之，這個作品把東西方的世界觀、宗教觀溶化在體驗中，以獨特的方法追究人生終極的疑惑。把作者的人與世界相，按照作者的話來說，就是把他與世界的感情(Ich-und Weltgefühl)表達得十分透徹，可說是赫塞所有作品當中的代表作。

本文是從日本著名的赫塞全集的譯者、赫塞研究專家：高橋健二氏所著的《赫塞研究》，及其對《鄉愁》、《心靈的歸宿》、《知識與愛情》等幾本書的解說編譯而成。謹此向高橋先生深致謝意。

本社印行的赫塞作品收入新潮文庫共計十一本，另外他的壓卷精心鉅著《玻璃珠遊戲》則收入新潮世界名著38號，這已堪稱為國內赫塞的「小全集」，也是譯介赫塞作品最完整的一家出版社。三十年來新潮文庫引進了西方思潮文學、哲學、傳記、電影、藝術的經典書籍，敬愛的讀者也一直以忠誠的熱情長期支持並鞭策我們，在這種鼓舞之下，我們也不敢鬆懈自己的脚步，本社常常看到對赫塞的作品情有獨鍾的讀者購買赫塞作品系列的創作，使我們深信一流的創作必然超越國界和時空，為後代的人們所閱讀，時間和廣大的讀者才是作品最公平的評審人。作家不必為自己的心血結晶預設定位，如果一本書三十年後還有人讀，它可能已取得永恒的護照，可以全世界以不同的文字通行無阻了。

新潮文庫編輯室
一九九八年六月
重排大字修訂本

上、第一部分

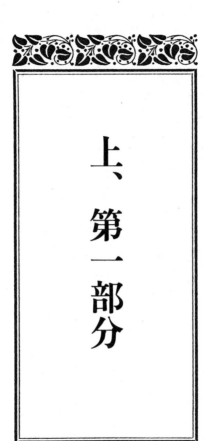

梵志之子

在家

家屋的庇蔭之中，在河邊舟畔的陽光之下，在楊柳樹和無花果的林蔭裏，這位英俊的婆羅門①之子悉達多②，就這樣與他的朋友高聞達③一起長大了。太陽在他在河中作聖潔沐浴時候，在他在花壇前作神聖獻祭的時候，曬黑了他那俊俏的雙肩。光陰的流影，在他在芒果林中遊戲的時候，在他母親輕吟低唱的時候，在他父親講經說法、與那些飽學之士互相論道的時候，在他的眼前掠過。悉達多不但早就參加了學者們的交談，不但早就與高聞達辯難教義的問題，而且早就與他一起靜坐，一起修習禪觀冥想的法門了。並且，對於「唵」④字真言，這個字中之字，所謂根本密呪，也已知道如何默誦了——在吸氣的時候暗自在心中默念，而當他盡其全力呼出的當兒，他的眉宇之間便流露出了純潔的精神光輝。此外，對於在他心靈深處、與宇宙合一而不可毀滅的神我⑤，也已知道如何參證了。

他的父親心中，因有這個聰明而又好學的兒子，而充滿了難以言喻的快樂；他一手將他撫養長大，眼看他就要成為一位偉大的學者，一位能幹的祭司，婆羅門僧中的一位王者了。

他的母親心中也有一種難以言喻的得意之情，尤其是在她看着他走路的時候，在坐下和起立的時候：在她看着強健、英俊、身手矯捷的悉達多，以十分優雅的神態向她請安問候的時候。

每當悉達多穿過城中的大街小巷時，他那副軒昂的眉宇，王者的眼神，以及修長的身影，都會在婆羅門少女的心湖之中激起陣陣愛的漣漪。

他的朋友，也是婆羅門之子的高聞達，比任何人都更愛他。他愛悉達多的眼神和他那種明朗的語聲。他愛他走路的樣子，愛他那種十分優雅的動作；他愛悉達多所做的每一件事和他所說的每一句話，尤其愛他那種澄明的智慧，熱切的思想，堅強的意志，卓越的才能。高聞達知道他絕不會做一個平庸的婆羅門，一個懶散的祭司，一個巧嘴的貪婪商販，一個徒然自負其實一文不值的演說家，一個邪惡而又狡猾的教士，更不會在大批羊羣中做一隻溫馴的笨羊。不，就是他高聞達自己，也不願成為這些人中的任何一種，也不願成為數以萬計的這種婆羅門僧中的一個。他要追隨悉達多，這人人敬愛的、出類拔萃的人。並且，縱使他成了神，縱然他進入了光照一切的境界，他高聞達也要追隨他，做他的朋友，他的伴侶，他的僕人，做他的衛士，做他的影子。

這就是人人都愛悉達多的心情。而他也討每一個人的歡喜，並使每一個人感到快樂幸運。

然而，悉達多本人卻不快樂。在他在無花果園中的玫瑰色小徑上漫步的時候，在樹林的綠蔭中打坐的時候，在每日必行的滌罪沐浴中洗濯手腳的時候，在陰涼的芒果林深處獻供的時候，得到每一個人的敬愛，成為每一個人心中的喜悅，然而，在他自己的心中，卻沒有任何喜悅可言。種種夢境和不安的意念，從河水之中，從夜空的閃爍繁星之間，從溫煦的陽光裏面，流到他的心田。種種的夢幻和一種靈魂的焦慮，從燔祭的煙霧昇起，從梨俱吠陀⑥的頌歌發出，從婆羅門老僧的說教滴下，流到他的腦海。

悉達多開始感到不滿的種子在他的心中萌動。他開始感到，他的父母之愛，乃至高聞達的朋友之愛，都不會永遠使他快樂，使他安靜，使他滿意，使他充實。他已開始懷疑，他那可敬的父親以及其他的老師——那些聰慧的婆羅門——雖已盡情地將他們的智慧精髓傳給了他，雖已毫無保留地將他們的全部知識注入了他那等着的容器，然而這個容器卻未因此注滿，他的知性仍未得到滿足，他的靈魂仍未得到安逸，他的心情仍未得到平靜。沐浴確是很好，但那只不過是水，既然不能將罪洗去，也就不能使痛苦的心靈得到解脫。向神獻供和祈禱也很不錯——但這就是一切了麼？獻祭能夠除苦得樂麼？諸神又會如何？這個世界果真是造物主⑦完成的麼？難道不是神我祂獨自創造而成的麼？難道諸神不是被造得像你我一樣具有形體，且像你我一樣短暫無常麼？如此說來，祭神之事，還是正當的麼？還是一種合理而且必得去做的事麼？除了向祂神我，向那唯一的至尊獻供和致敬之外，我們不該向誰獻禮？那麼，神我又到哪裏去找？祂到底住在哪裏？如果祂那永恒的心臟不在自我的裏面，不在內心的至深之處，不在人人與生俱來的永恒之中跳動，又在哪裏？而這個自我，這個最內深處，又在何處？它既不是血肉和骨骼，也不是思想或意識。這是智者們所想的一切。那麼，它在哪裏？趣向自我，趣向神我——還有另一條值得尋求的道路麼？沒有人指出這條路，沒有人認識這條路——無論他的父親，他的老師和智者，乃至那些聖歌，悉皆不知。婆羅門和他們的聖典知道一切，一切的一切；他們曾經深入一切——這個世界的造成，語言，食物，呼吸的起源，感官知覺的排列，以及諸神的作為。他們知道許許多多的事情——但是，如果他們不知道這一件重要的事情，不知道這唯一重要的事情，所有這些，還值得一顧麼？

聖典裏面有不少偈頌，尤其是「娑摩吠陀」⑧中的許多《奥義書》⑨，都講到這個最最內在的東西。有的經文這樣寫着：「你的心靈就是這整個世界。」經上說，一個人一旦入睡之後，便透入他的最內深處而安住在神我當中。這些偈頌裏面含有微妙的智慧；所有一切聖者的知識，都以迷人的言詞記述在這裏面，純粹得猶如蜜蜂所採的蜜一般。因此，由歷代智慧的婆羅門加以蒐集、保存的這種大量知識，是無法輕易略過的。可是，不但曾經成功地求得此種至深的知識，並且加以親身體驗而有所得的那些婆羅門，那些傳道師，那些智者們，究在何處呢？那些在睡眠中證得神我，並可在清醒時、在生活上、隨時隨地在言詞和動作中保持不墮的入門者們，究在哪裏呢？悉達多認識許多學有所成的婆羅門，尤其是他那位聖潔、博學、最受敬重的父親。他的父親確是令人心儀；他的舉止真是安詳尊貴。他過的是一種善美的生活，他的言辭中充滿智慧；他的腦海中有的是精微而又高貴的思想——可是，縱使他如此博學，他活得快樂麼？內心寧靜麼？難道他不也還是一個永無饜足的追求者麼？難道他不也還是以一種難以滿足的心情，在繼續不斷地去飲聖泉、去做燔祭、去讀聖典、去參加婆羅門的學術討論麼？他，一個無可指責的婆羅門，為什麼還得每天都要去洗滌他的罪愆、努力清潔他的自身呢？難道神我不在他的裏面？難道那個本源不在他的心中？一個人必須在他自己的自我之中尋求這個源泉，並且求而得之才行。所有其他一切的追尋，都是一種迂迴，一種歧途。

所有這些，都是悉達多所想的東西；這就是他的渴念，就是他的煩惱。

他時常默誦「歌詠祭司奧義書」⑩中的章句。「真的，梵⑪的名字是真⑫。真的，知道它的人日日入天界。」它，這個天界，往往似乎距他不遠，但他從未完全達到它，因而他也就一直沒有消除他對這種究極的渴望。而在他所認識並欣賞其教說的智者之中，也沒有一個完全到過這個天界，因而也沒有一個人完全消除這種永恒的渴念。

「高聞達，」悉達多對他的朋友說道，「高聞達，跟我到那邊那棵榕樹下面去。我們到那裏去靜坐默想去吧。」

他倆來到大榕樹下，在相隔二十步的地方坐下。他們坐下準備念「唵」字真言，悉達多輕柔地背誦了這樣一則偈文：

唵是弓，心是箭，

梵是目的射此箭，
看準目標無雜念。

慣常的打坐時間一經完了，高聞達便立起身來。此刻已是黃昏時分，該是去做晚間淨浴的時候了。他呼喚悉達多，但他沒有答腔。悉達多正在一心不亂地坐着；他的兩眼向前凝視，好像看準一個遠方的目標；而他的舌尖則微微顯露在齒牙之間；他的呼吸似乎已經屏住了。他就是這樣靜靜地坐着，凝神專注於他的禪定，觀想着「唵」字字母，以他的心靈作箭，向梵射去。

一天，一些苦行沙門⑬路過悉達多所住的鎮市。他們是三位居無定所的行腳苦行，年紀不老不少，但皆瘦骨嶙峋，疲憊不堪，而且滿身灰塵，肩頭流血，近乎赤裸，被太陽晒成枯焦，一副孤單，奇異，以及恨世的神情——猶如三隻乾枯的野狼，來到人類的世間。他們渾身散發着一種泯滅情慾，破壞儀式，以及毫不憐惜地否定自我的氣息。

到了傍晚，過了打坐時間之後，悉達多對高聞達說：「我的朋友，悉達多明天早晨就去加入那些沙門了。他已決定要做一名苦行沙門了。」

高聞達聽了這兩句話，又從他這位朋友的堅定面神上看出了他的決心，好像已經離開弓弦的箭矢一般，絕無改變的可能，禁不住臉都發白了。高聞達乍眼一瞥他這位朋友的面色，便體會到這事就要開端了。悉達多就要走他自己的路了；他就要開展他的命運了，而與他的命運結在一起的，是他自己的命運。因此，忽然之間，他面色蒼白，猶如一張乾枯了的香蕉皮一般。

「噢，悉達多，」他叫道，「你的父親會允許你去嗎？」

悉達多猶如大夢初醒一般，朝他的朋友瞧了一眼。但如閃電一般，他立即看出了高聞達的心思，看出了他的焦慮，他的聽天由命。

「高聞達，我們不必浪費言辭，」他柔和地說道。「明天一早我就開始過沙門的生活。不要再為這事討論了。」

悉達多進入室內，他的父親在那裏的一張級木皮墊上面打坐。他走到他父親的背後，定定地站在那兒，直到他的父親感到了他的臨近。「是你嗎，悉達多？」他的婆羅門父親問道。「那就說說你心裏想些什麼吧。」

悉達多說：「既然蒙您允許，那我就來向您報告：我想明天出家去修苦行。我想去當沙門。我相信父親大人不會反對這個事情。」

他的婆羅門父親沉默了很久很久，一直到天上的星星移過那口小小的窗門而改變了它們的圖形，室內的那片沉寂還是沒有打破。他的兒子合着雙手，一動也不動地站在那裏，不發一言，而做父親的，亦一動也不動地定定坐在那張墊子上面，默不作聲。只有星星在天空移動。之後，他的父親終於開口說道：「身為婆羅門僧人，似乎不宜口出怒言，而我的心中確有不快的地方。我不要再聽到你提出這種請求。」

他的父親緩緩地立起身來。悉達多仍然默默地合着雙手站在那裏，不發一言。

「你為何還在那裏等？」他的父親問。

「您知道為何，」悉達多答道。

他的父親很不高興地離開了那個房間，躺到了他自己的臥榻上面。

一個時辰過去了。這位婆羅門難於入眠，於是他爬起身來，在房內來回踱步，而後步出了家門。他向那口敞着小窗望去，看到悉達多仍然站在那裏，合着雙手，動也不動。他可以看到他的白色長袍在那裏發着微光。他的心不安寧，這位父親又回到了他的床上。

又一個時辰的時間過去了。這位婆羅門仍然未能入睡，於是爬起身來，在房中來回踱步，然後走出家屋，眼見月亮已經昇起。悉達多合着雙手，仍然站在那裏，動也不動；月光照射在他那雙赤裸的腳踝上面。他的父親心裏很煩，再度返回他的臥榻。

隔了一個時辰，他又走了回來；隔了兩個時辰，他又來了一次，從窗口望去，只見悉達多站在那兒的月光中，星光下，黑暗裏。而他一再地來臨，一個時辰接一個時辰，默默地窺視房中，見到悉達多仍然站在那兒，動也不動。他的心中充滿了憤怒，充滿了焦慮，充滿了恐懼，充滿了煩厭。

而在這夜的最後一個時辰，在天尚未破曉之前，他又轉了回來。他進入室內，只見這個青年仍然紋風不動地站在那裏。他感到他又高又大，似乎成了一個陌生人。

「悉達多，」他終於開口了，「你為什麼還在等待？」

「您知道為什麼？」

「你要這樣站着等下去，等到天亮，等到中午，等到黃昏？」

「我要站着等待。」

「你會站累的，悉達多。」

「我會站累的。」

「你會睡着的，悉達多。」

「我不會睡着。」

「你會站死的，悉達多。」

「我會站死的。」

「難道你寧願站死也不願服從你的父親？」

「悉達多一向服從他的父親。」

「那你願意放棄你的計畫了？」

「悉達多願做他的父親叫他做的任何事情。」

這天的第一道曙光透進了室內。這位婆羅門看出悉達多的兩膝在微微發抖，但他的神情十分堅定，兩眼只是望着遠方。於是，這位父親終於體會到：悉達多已經不再能夠跟他一起待在家中了——他的心已經離他而去了。

他以手摸摸悉達多的肩膀。

「你可以入山修道，去做一個苦行沙門，」他說道。「假如你在山中證得極樂，回來傳授給我。假如你證得幻滅，那也回來，好讓我們重新一同向神獻供。去吧，去向你母親吻別，把你的去處告訴她。時候不早了，我該到河中去做今天的早浴了。」
他將他的手從他兒子的肩上收回，轉身向外走去。悉達多蹣跚着舉步前進。他努力穩住他自己，向他的父親躬身作禮，然後遵照父親的囑咐去向他的母親辭別。
他挪動一雙站麻了的腿子，在天剛破曉的時分緩緩離開那個仍在睡眠的鎮市，而在走過最後一間茅屋之時，一個蹲着的影子竄了出來，加入這個入山求道的行者。那是他的朋友高聞達。
「你來了，」悉達多說道，面上露出了笑容。
「我來了，」高聞達應道。

【譯註】

①婆羅門（Brahmin），佛教學者多稱之為梵志，為天竺（今之印度）四姓（種族階層）之一，具云「婆羅賀摩拏」，又云「沒囉憾摩」（皆古代梵文譯音），譯為「外意」，「梵志」，「淨行」，「淨志」，「靜志」等，為奉事大梵天（神）而修淨行之一族。玄應音義十八曰：「婆羅門，此音訛略也，應云婆羅賀摩拏，此義云承習梵天法者。其人種類自云從梵天口生，四姓中勝故，獨取梵名，唯五天竺（印度東、南、西、北、中部）有，諸國即無。經中梵志，亦此名

也，正言靜亂，言是梵天之苗胤也。」俱舍光記一曰：「婆羅門法，七歲以上在家學問，十五已去，學婆羅門法，遊方學問，至年四十，恐家嗣斷絕，歸家娶妻，生子繼嗣，年至五十，入山修道。」又，婆羅門所傳為「婆羅門教」(Brahminism)，亦為印度所特有，以「梵我一如」為其追求的最高境界。佛學大辭典解釋云：古昔婆羅門專奉之教法也，中有種種派別，而大要以梵王（神）為主，以四「圍陀論」（今譯「吠陀經」）為經。大日經疏二曰：「於彼部類中」，梵王猶如佛，四韋陀（「吠陀」之別譯）典猶如（佛教）十二部經，傳此法者猶如和合僧。時彼聞如是等三寶（「佛」、「法」、「僧」），歡喜歸依，隨順修行。」又，婆羅門所居之國為「婆羅門國」，亦即今印度之別名。西域記二曰：「印度種姓，族類群分，而婆羅門殊為清貴，從其雅稱傳以成俗，無云經界之別，總謂婆羅門國焉。」婆羅門與佛教關係頗深，亦時有接觸，佛經中有「婆羅門子命終愛念不離經」（「中阿含經」中「愛生經」之別譯）一卷，說梵志喪子，愁憂見佛，佛言：「愛生，便生愁憂。」後因波斯匿王之請，廣陳其義，而成此經。參見本章譯註⑪之末釋「梵志」之文。

② 悉達多(Siddhārtha or Sarvārthasiddha)簡譯「悉達」，又作「悉多」，「悉陀」，「悉多頞他」，正音「薩婆曷剌他悉陀」意為「一切義成」或「有願皆成」。為釋迦牟尼佛誕生時所取的名字，在此雖非直指佛陀其人，但在含義上，亦不無關聯，甚有以此指其為「小釋迦」者，亦非沒有意義。

③高聞達(Govinda)，據今譯「博伽梵歌」(Bhagavad-gitā)原本的術語解釋說，原為基士拿(Krsna or Krishna——印度教三大神之一的毘瑟奴的第八化身)的名字，意為「賜予土地、母牛及感官快樂者」，在此似乎僅用以作為一位隨佛聽聞正法的「聲聞」弟子之名。參見本章譯註⑪。

④唵(Om or Aum)，古譯「烏菴」，新譯「嗡」，為真言或密呪的起首字，據中英佛學辭典解釋說，它是「一個表示莊重誓言和恭敬贊同的字眼」(有時可譯為「是」，「真的」，「一言為定」，以此而言，可以比作基督教的「阿門」)，又說它是「印度語三元音的神秘名稱」，所以又有其他種種含意。此字被佛教、尤其是密宗或真言宗採取，用以作為一種神秘的呪語，並作為觀想的對象(字輪)。它被用於某些複合神呪的起首，例如「唵嘛呢叭咪吽」或「唵摩尼鉢頭迷吽」(Om mani padme hūm)，意為「祈求蓮上寶珠」，而這六字(俗稱「六字真言」或「六字大明」)則被喇嘛用作禱文，以之祈求蓮花手菩薩(Padmapāni)(或云觀世音菩薩或其化身)，據說字字皆有不可思議的效驗，可使在下三道(餓鬼道、畜牲道、地獄道)輪迴的亡魂因而超脫得以往生極樂世界云云。又據佛學大辭典載：胎藏界之陀羅尼(密呪或真言)，冠「曩莫」之語，金剛界之陀羅尼冠「唵」之語。秘藏記末曰：「唵字有五種義：一、歸命；二、供養；三、驚覺；四、攝服；五、三身。」有名「唵字觀」者，係以「唵」字觀法身、報身、化身三身字義為觀想對象而修的觀想法門。有「釋迦觀唵字成佛」之語，據「守護國經」九

載釋迦成佛記云：「於鼻端觀想淨月輪，於月輪中作唵字觀。」又有「唵阿吽」三字真言，「安像三昧儀經」曰：「誦此真言已，復想如來如真實身，諸相圓滿。然後以唵阿吽三字，安在像身三處：用唵字安頂上，用阿字安口上，用吽字安心上。」本書所引「唵」字真言，畢竟如何，不得而知，唯據某些朋友說，此字發聲出於頭腔，可與整個宇宙共鳴而起感應，確有不可思議之效用，云云。參見後面「觀河聽水」譯註①。

⑤ 神我(Atman)，亦作「阿怛摩」(Ātma)，意為「自」或「我」，合言「自我」，用指靈魂或永恒的真我，或稱「神我」，此處所指，當係後者。

⑥ 梨俱吠陀(the Rig-Veda)，「吠陀」(Veda)，亦譯「圍陀」、「韋陀」(與護法神韋陀無涉)、「毘陀」、「違陀」、「皮陀」、「薜陀」、(「陀」亦作「馱」)，新譯「博伽梵歌」字彙解釋云：吠陀經，計有四部，一曰「梨俱」(Rg)，二曰「耶柔」(Yajur)，三曰「娑摩」(Sāma)，四曰「阿達」(Athasa)。佛學大辭典「吠陀」條釋云：「婆羅門之經書也。」又「韋陀」條云：譯曰「明智」、「明分」等，婆羅門經典之名也，大本別為四分。西域記二曰：「其婆羅門學四吠陀論，曰毘陀，訛也。一曰壽，謂養生，繕性；二曰祠，謂享祭，祈禱；三曰平，謂禮儀，占卜，兵法，軍陣；四曰術，謂異能，伎(技)數，禁呪，醫方。」金光明最勝王經慧沼疏五曰：「四明法，即四薜陀論，舊曰韋陀或毘伽羅論，皆訛也。一、顏力薜陀，此云壽明，釋命長短事；二、耶樹薜陀，此云祀明，釋祀祠之事；三、娑摩薜陀，此云平明，平是非事；

四、阿達薜陀，此云術明，釋伎（技）事。摩登伽經上曰：「昔者，有人名為梵天，修習禪道，有四大知見，造一圍陀，流布教化。其後有仙，名曰白淨，出興於世，造四圍陀：一者讚誦，二者祭祀，三者歌詠，四者禳災。次復更有一婆羅門，名曰弗沙，其弟子眾二十有五，於一圍陀，廣分別之，即便復為二十五分。次復更有一婆羅門，名曰鸚鵡，變一圍陀為十八分。次復更有一婆羅門，名曰善道，其弟子眾二十有一，亦變圍陀為二十一分，次復更有一婆羅門，名曰鳩求，變一圍陀以為二分，二變為四，四變為八，八變為十六，如是展轉，凡千二百六十有六種。是故當知，圍陀經典，易可變易。」案「吠陀」者，印歐語系中最古之文獻，印度最古之聖典也，集阿利亞民族、從中央高原而下、至印度五河流域、占居雲山西麓、恒河流域間之讚歌，為婆羅教之聖典，由奉事梵天、受持圍陀論之韋陀論師（亦稱韋陀梵志）研究、傳授之。摩文開先生在其所著「印度三大聖典」自序第二節中說：「吠陀經產生的年代，約當公元前一千五百年到一千年頃的五、六百年間。這是古代印度留傳下來的作品，也是世界上最早書籍之一種。」又說：「吠陀經有四部，而以梨俱吠陀（意譯為「誦讚明論」）為主幹。這是亞利安人移居到印度河上游地方時期的作品，共一千零十七篇，分輯為十卷，內容大多為對諸神的讚歌，因應用於祭典而保存下來的。因為這是當時人民對自然現象的自然流露，印人稱之為『神聖的天啟』。最初是口口相傳地流佈於各地，後來由七個家族分別保存下來，印人遂認係七聖所作，為天啟的聖典，藉七位聖人的口而宣示的。其他沙摩吠陀（「歌詠明論」），夜柔吠陀（「祭祀明論」），都係由梨俱吠陀分化而來；阿達婆吠陀（「禳災明論」）為印度原有土著達羅毗荼人等流傳的消災、降福、調伏、除垢（密宗有「息」、「增」、「懷」、「誅」之法，或本於此——譯贅）等呪文，為西利安人吸收，採用到祭典中去，而最後取得第四吠陀地位的。」又說：「吠陀時代的後期，因亞利安人祭祀時有四種祭官，各有其所應用的頌文禱詞，遂分別編集為四部吠陀經，其編集時期約在公元前一千年到八百年間。」其成立的年代，史家稱之為「吠陀經時代」。

⑦ 造物主(Prajapati)，音譯「鉢囉惹（鉢多曳）」，意為「生主」，釋為生生不息的梵天。佛學大辭典有「鉢囉若鉢多曳」條云：「梵天名，即其真言也。鉢囉若為一切生之義；鉢多為主之義；曳為助聲；所謂『一切眾生之主』也。一切眾生因梵天而生，故名一切生主。而實眾生無始，是非梵天所生，如來亦如是。以世間一切善，皆自佛心生之故，又不見如來之終始，故名為世間之父。然實眾生之佛性，前際無始，是非如來所生也。以最初之鉢囉字為真言之體，鉢是第一諦最勝之義。囉為塵垢之義，入阿字門，則成淨法界。不為塵垢所染，即是蓮花胎藏也。一切之佛子亦如是，自最勝之胎藏藏生，是故名為最勝子，末句加曳字，故名為『梵天乘』。見大日經義釋七，演密鈔七。」

⑧ 娑摩吠陀(Sama-Veda)，為「四吠陀經」的第三部，主要內容為歌詠，故譯為「歌詠明論」，詳見本章譯註⑥。

⑨奥義書(the Upanishads)，音譯為「優鉢尼薩曇」，「鄔波尼殺曇」，「優波尼沙土」，「優波尼沙陀」，部類很多，據統計共有一百零八種，為古代印度六派哲學所本。佛學大辭典有「優波尼沙土」條云：記述古印度哲學之根本思想者，非一人所作，亦非一時所編，故不能確定其成立之年代，但視為出於西曆前七、八世紀者，似無大差。蓋印度之宗教，以吠陀之讚誦而始，後有說其用法及儀式為目的之佛羅般摩那者起，其中有所謂阿蘭若迦之章，所說甚極幽微森嚴。優波尼沙土即為說明之而起者，於宇宙之原始，諸神之性質，精神、物質之本性及其關係等，作哲學的解釋，頗富神秘與譬喻，此所以為所謂六派哲學所出之源泉也。此書出之時代，史家稱之為「優波尼沙土時代」。又「優婆尼沙曇」條云：吠陀後所出佛羅般摩那文學之末期，有時屬於阿蘭若迦部分之一大文學，謂之「優波尼沙曇」，其數極多，其內容、思想之傾向：蓋論宇宙之本源，造化之本體，確立印度思想之「梵我不二」大義，脫婆羅門傳說之宗教色彩，為純然自由思索之哲學，此其特色也。今印度有二種優婆尼沙曇：一有五十二種，一有百八種。五十二種為印度學者間所公認之定數，百八種唯存於南印度。法之婆婁德氏以為總數有二百五十種，德之曷勃羅氏列舉二百三十五種。其中屬於「四吠陀」而為世所承認者，約五十種，分之以新、舊，屬於最古之「三吠陀」，即「利俱」，「撒門」，「雅求斯」者十一種，稱為「古優婆尼沙曇」；屬於第四吠陀，即「阿答樓華」者三十九種，謂之「新優婆尼沙曇」。其譯本有波斯譯、羅甸譯、德譯、及英譯四種。糜文開先生在其所著《印度三大

聖典》自序第四節中說：「吠陀時代末期，婆羅門階級既掌握了宗教權，為擴張本身的勢力，便規定種種繁瑣的祭儀，來束縛其他各階級，並將此等祭儀附入由他們輯集的四吠陀之後，對於全部關聯於祭典之事項，一一附以因緣、故事、來歷，而以散文解釋之，以樹立他們的婆羅門主義三大綱領，即一、吠陀天啟主義，二、祭祀萬能主義，三、婆羅門至上主義。這吠陀本典附入的部分，稱為『梵書』(Brahmana)。但這種形式主義、教條主義，怎能滿足人心？而且兩三百年後，婆羅門僧侶往往祇知藉祭祀、誦經以圖利，生活腐化，因此，『把我們的思想激發起來！』的呼聲，又在婆羅門學者的心中響起來，他們便在梵書的最後一部分(梵書卷末『森林書』的附屬部分)，以闡釋吠陀終極意義為宗旨，繼吠陀末期的哲學思想，發揮他們的新見地，梵書的這一部分便稱為『吠檀多』(Vedanta＝Veda＋anta＝吠陀之末)，原意或為吠陀的最後部分，後轉解為『吠陀的究竟義』。這吠檀多的發展，受人特別重視，成為後代各派哲學的根源，而以另一名稱『優波尼沙曇』聞名於世。優波尼沙曇為Upa＋Ni＋sad(意為『近坐』)的合成語，謂弟子侍坐於父師，方秘傳以奧義，所以意譯為《奧義書》。」並在書中譯列「聖徒格耶奧義書」(Chandogya)一之十二對婆羅門僧侶作尖刻諷刺的「羣犬的唵聲」一節，以窺一斑：

……

伐迦大爾勃亞外出背誦吠陀。

一隻白狗出現在他面前，而一羣狗聚集攏來，圍繞著白狗，向牠說：「尊者啊，請誦經使我們得食，我們正餓著哩！」

白狗對牠們說：「明天早上來會我！」

伐迦大爾勃亞守候著。

次晨，羣犬來了。牠們結隊而行，像僧侶（歌詠者）準備歌唱壇外滌穢詞(Vahi-shpavamana)時所做的樣子；後面的狗啣著前面的狗尾，魚貫前進。牠們都坐下以後，便開始哼起來：

「唵！讓我們吃！

「唵！讓我們喝！

「唵！願神聖婆樓那和生主及薩維得麗給我們食物！

「食物之主啊！請帶食物來這裏吧！

「請帶食物來這裏吧！唵！」

⑩ 聖徒格耶奧義書(the Chandogya-Upanisads)，或譯「歌詠祭司奧義書」，屬沙摩吠陀，共八篇，一百五十三章，參見前面譯註⑨、⑧、⑥及④。

⑪ 梵(Brahman)，今譯「博伽梵歌原本」所附字彙解釋為：一、無限小的精靈；二、基士拿全面遍透的非人性模樣；三，具有至尊無上性格的神首；四、整個物質本體。英漢宗教字典的

解釋是：一、梵；二、婆羅門祭司；三、為印度神聖階級之一，伊等自言出自大神梵天之口。英漢佛學辭典的解釋有：宗教的敬信，祈禱，一種聖典文字或呪文，神秘字母唵，聖學，宗教生活，非人格的最高神明，絕對者，祭司或神聖階層，其意為「淨」，「離欲清淨」，由此而來的複合名詞，不勝枚舉。佛學大辭典云：梵摩或勃嚂摩婆羅賀摩，沒羅憾摩，梵覽磨等之訛略，謂梵天也。婆羅門為梵天之苗裔而行梵法，故婆羅門亦云梵志，譯作寂靜，清淨，淨潔，離欲等。色界諸天離淫欲而清淨，總名曰梵天，其中初禪天中之主曰大梵，一名梵王。又佛為婆羅門，故亦稱梵，清淨者之意也。俱舍論二十四曰：「真沙門性，經亦說名是婆羅門性，以能遣除煩惱故……佛與無上梵德相應，是故世尊猶應名梵。由契經說，佛亦名梵。」又「梵志條」云：志求梵天之法者云梵志。瑜伽倫記十九曰：「梵者，西國音，此翻為寂靜，謂涅槃也。志是此方語，志求於梵，故云梵志也。」演密鈔二曰：「梵志者，梵，淨也，謂以淨行為志者，名為梵志。」又對尼乾子謂在家之婆羅門云梵志，法華文句記九曰：「在家事梵，名為梵志，出家外道，通名尼乾。」又，一切外道之出家者名梵志，智度論五十六曰：「梵志者，是一切出家外道，若有承用其法者，亦名梵志。」參見本章譯註①。

⑫ 真(Satya)，亦譯「諦」，具言「真諦」，亦即現代所說的「真理」，音譯為「薩路也」，「薩底也」。亦通「真際」，「真如」，「實相」。佛學大辭典有「真諦」條云：二諦之一，真謂真實無妄；諦，猶義也。對俗諦言。如謂世間法為俗諦，出世間法為真諦是也。

⑬ 沙門(Samanas or Sramana)，亦譯「桑門」，「娑門」，「喪門」，「沙門那」，「舍羅磨拏」，「沙迦懣曩」，「室摩那拏」，古有統轄天下僧徒之僧官，名「沙門統」。佛學大辭典有「沙門」條云：譯曰息，息心，靜志，淨志，乏道，貧道等，新作室摩即拏，舍囉摩拏，室囉摩拏，沙迦懣曩；譯曰功勞，勤息，勞劬修道之義也；又，勤修息煩惱之義也。原不論外道、佛徒，蓋為出家者之總名也。又有「四種沙門」名目云：「一、勝道沙門，佛與獨覺，自能覺者；二、示道沙門，如舍利佛說法示道者；三、命道沙門，如阿難，以戒、定、慧為命者；四、污道沙門，犯重之比丘，律云『摩訶羅』，謂比丘喜盜他物者。」見俱舍論十五。又，「一、勝道沙門，稟佛出家、能滅煩惱而證勝道者；二、說道沙門，已斷惑證理，能宣說正法、使眾生入佛道者；三、壞道沙門，壞梵戒、行惡法者；四、活道沙門，能調服煩惱、勤修諸有之善法，能使智慧之命根生長者，即前之命道沙門也。」見瑜伽論二十九。

入山苦修

那天傍晚，他倆趕上了那些苦行沙門，要求跟他們為伍，並皈依他們。他倆得到了接納。

在途中，悉達多將他身上的衣服送給了一位窮苦的婆羅門，只留一條纏裹下身的腰布，和一件脫了線的土色披風。他每天只吃一餐，絕不自炊。他斷食十四日。他斷食二十八天。雙頰和兩腿上的肌肉消陷下去了。他那雙深陷的眼睛反映了怪異的夢境。指甲在他那些瘦削的手指上長長了，豬鬃樣的鬍樁在他的下腭出現了。遇到女人時，他以冷眼相待了；路過衣著華麗的鎮市時，他噘起雙唇，表示厭惡。他冷冷地看着商人買賣，王子出獵，哭喪的人向着死者悲泣，妓女出賣她們的肉體，醫生診治他們的病患，祭司為人擇日播種，情侶彼此挑逗，為人母者安撫她們的子女——所有這一切皆不值一顧，一切的一切都在哄騙，都發着謊言的氣息，都是感覺，快樂，以及美麗事物的幻影：一切都將壞朽。世間無常，人生是苦。

悉達多只有一個目標——空掉一切：空掉渴愛，空掉慾念，空掉夢想，空掉快樂和煩惱——好讓自我消滅。不再成為自我，以便享受空心的安逸，體驗清淨的意念——這就是他的目標。自我一旦完全征服，消滅，情慾一旦完全沉寂，那時，那最後的究極，那不再是自我的存在核心，就會覺醒——這才是偉大的奧秘！

默然地，悉達多佇立在火熱的陽光之下，充滿痛苦和飢渴，定定地立着，直到他不再感到痛苦和飢渴。默然地，他佇立在冰冷的雨水之中，讓雨水從他的髮上滴到他那凍僵的雙肩，流到他那凍僵的臀部和兩腿。而這位苦行僧定定地站着，直到他的雙肩和兩腿不再感到冰凍，直到它們沉默下來，直到它們完全平靜。默然地，他蹲身於荊棘叢裏，血從他那刺痛的皮肉流出，形成潰瘍，而悉達多依然如故，一動也不動，直到不再有血流出，不再有刺痛，不再有痠疼。

悉達多直直地坐着，學習省息的功夫，逐漸減少呼吸，乃至完全屏住。他在吸氣的時候練習使心跳平靜，逐漸減少心跳的次數，乃至少之又少，直到近乎完全沒有。

在年長沙門的指示之下，悉達多依照沙門的清修辦法，修習自我的否定和觀想法門。一隻鷺鷥飛過竹林的上空，悉達多便將那隻鷺鷥攝入他的心中，飛過森林和山嶽的上空，化而為一隻鷺鷥，捕食水中的魚蝦，忍受鷺鷥的飢餓，使用鷺鷥的語言，作為一隻鷺鷥死去。一隻死了的野狼躺在河邊的沙灘之上，悉達多的心識便鑽進它的屍身之中；他變成一隻死了的野狼，躺在岸旁，腫脹，發臭，腐爛，被鬣狗分解，讓蒼鷹啄食，成了骷髏，化為塵土，隨風飄揚，混入大氣。而悉達多魂兮歸來，而後又死亡，腐朽，化為塵土，品嘗生死輪廻的痛苦歷程。他帶着新的渴慾，像一位獵者一樣，在生死輪廻結束、因果循環停止、而沒有痛苦的永恒展開的懸崖之處等着。他宰了他的感覺，他宰了他的意念，他以千種不同方式溜出他的自我。他變成動物，屍體，石頭，木頭，河水，而每一次又覺醒過來。日月發光，他又成了自我，復入輪廻的圈子，感到渴慾，征服渴慾，復又感到渴慾。

悉達多跟那些苦行沙門學了不少東西；他學到了許多消除自我的辦法。他透過痛苦，透過痛苦的欣然領受和征服，透過飢渴和疲勞，循着自我否定的道路前進。他靜坐默想，以空掉一切心相的辦法，依照自我否定的路線前進。他從這些以及其他種種門路學習前進。他每日亡我千次，到了天黑便住在空無之中。然而，這些道路雖然將他引離了自我，但到末了它們重又將他帶回自我。悉達多儘管避開自我千次，住於空無之中，住在動物和石頭裏面，但免不了仍要返回自我；他無法避免再度發現自我的時候，不論是在日光下還是在月光下，不論是在陰影中還是在雨水之中，總會再度成為自我和悉達多，總會再度感受到那種沉重的生死輪廻之苦。

在他一旁的是高聞達，他的影子；他也走着同樣的道路，做着同樣的功夫。除了必要的儀式和功課之外，他倆很少交談。有時候，他倆一齊到村中托鉢，為他們自己和他們的老師乞食。

「高聞達，你認為怎樣？」某次上路乞食時，悉達多如此問道。「你認為我們有沒有進步？我們達到目標沒有？」

高聞達答道：「我們已經學了，現在仍在進修之中。悉達多，你會成為一位大沙門的。每一種修法你都學得很快。那些老修行時常讚賞你。悉達多，你總有一天會修成一位聖者的。」

悉達多應道：「我倒不以為然，朋友。到現在為止，我從那些老沙門學到的，如果在酒家裏學，在娼寮裏學，在販夫走卒和賭徒之間學，也許還要快些，還要容易些。」

高聞達說道：「悉達多，別開玩笑了。在那些下三濫中，你怎會學到靜坐觀想？怎會學會屏住呼吸？怎會學成不知飢餓和痛苦？」

於是，悉達多喃喃地說道，好像自言自語一樣：「什麼是靜坐觀想？什麼是捨棄身相？什麼是齋戒斷食？什麼是屏住呼吸？那是逃避自我，只是暫時避開一下自我的磨折而已，只不過是暫時緩和一下人生的痛苦和愚妄罷了。趕牛的也會做這樣的逃避，也會使用這種暫時的緩衝劑——只要到酒家去喝幾碗黃湯或可口牛奶就行了。只要兩碗下肚，他就不再感到人生之苦了；那時，他就體會到暫時的安慰了。一時他伏在酒碗上面呼呼大睡，他就達到悉達多和高聞達長期苦修和住於無我所達到的逃避身相之境了。」

高聞達說道：「你雖如此說，但是，我的朋友，你總知道：悉達多不是趕牛的，苦行沙門也不是酒鬼。酒鬼雖可逃避一下，雖然可以求得暫時的緩刑和休息，但他終究難免感到幻滅而發現一切依然故我。他既不會變得智慧一些，也不會得到任何知識，更不會得到任何長進。」

悉達多面帶微笑地答道：「這可難說。我從來不曾醉過。但我悉達多在這些修煉和觀想裏面所得的，只是一種短暫的喘息，距離智慧，距離解脫，仍然遙遠，仍跟未出娘胎的孩子一般。高聞達，這是我知道的。」

又一次，當悉達多和高聞達兩人為了他們的師兄弟和老師到山林外面去乞食時，悉達多再度開口說道：「好吧，高聞達，我們走上正道了麼？我們是在求知麼？我們在走向解脫麼？也許，我們——本來要逃避輪廻之圈的我們——也許正在繞着圈子走吧？」

高聞達說道：「悉達多，我們已經學了不少東西，仍有很多東西要學。我們並不是在繞着圈子走，而是在向上前進。這是一條螺旋形的道路，我們已經昇了不少層級。」

悉達多問道：「那位年紀最長的沙門——我們那位可敬的師父，你想他有多大歲數了？」

高聞達答云：「我想最老的大概有六十歲左右了。」

於是悉達多說：「他已六十歲了，還沒有達到涅槃①的境界。他將修到七十歲、八十歲，而你和我，我們兩個，也將活到他那一把年紀，也將修行，持戒，觀想，但我們將不會達到涅槃的境地——不論是他還是我們，誰都不會達到。高聞達，我敢說，在所有的苦行沙門中，恐怕沒有一個會達到涅槃的境界。我們尋找安慰，我們學習自欺的妙訣，但那最根本的東西——至道——我們却沒有追求。」

「悉達多，不要說這樣絕的話，」高聞達說道。「怎麼可能？在這麼多的飽學之士中，在這麼多的婆羅門中，在這麼多嚴謹可敬的沙門中，在這麼多的求道者之中，在這麼多獻身內在生活的虔敬修行者中，在這麼多的聖者之中，沒有一個人會求得至道，怎麼可能？」

然而，悉達多，却以一種含有悲哀、嘲諷、半帶感傷、半帶打趣的語調，輕柔地說道：「不久，高聞達，你的朋友就要離開這些沙門所走的道路了；他在這條路上走得太久了。高聞達，我有飢渴之苦，但在這條沙門道上追求了這麼久，我這種飢渴並未因此稍減。我一直在追求知識；我的心中總是充滿了疑問。年復一年的我向飽學的婆羅門請教，年復一年的我向神聖的吠陀經叩詢。高聞達，如果我向犀牛或猩猩討教，或許也一樣適當，一樣明智，乃至一樣神聖。高聞達，我已經花了很久的時間，而今仍未了結，只為了習知這個：不是學習可以知曉的那個。高聞達，我相信，萬法的本質裏，具有某種不可稱為學識的東西。朋友，世間只有一種學識——那就是神我——它無所不在：在我裏面，也在你裏面，在一切造物裏面，而我開始相信，這種學識的最大敵人，莫過於知識分子，達到它的最大障礙，莫過於知解學問。」

高聞達聽了這一番話，停在途中不動了；他舉起兩手說道：「悉達多，不要用這樣的話來洩你朋友的氣。說真的，你的話擾亂了我的心境，使我感到非常煩惱。想想看，假如，我們的神聖禱文，聖潔的沙門，可敬的婆羅門，像你說的那樣沒有意義，那會怎樣？悉達多，那樣的話，一切的一切，將會變成什麼樣子？世上還有什麼神聖的東西？還有什麼值得珍惜和敬重的東西？」

接着，高聞達自言自語地，對他自己背誦了一首詩偈——一首引自奧義書的頌文：

以善觀的淨識契入於神我，
便知極樂之境不可以言宣。

悉達多默然無語。他對高聞達誦出的偈語沉吟了好一陣子。不錯，他低頭佇立，在心裏沉吟道：在我們似是神聖的那一切，還剩些什麼？畢竟還剩什麼？還有什麼可以保存的？因此，他搖了搖頭。

某日，這兩位青年與那些沙門同住同修大約三年之後，忽然有一個謠言，一個傳說，從許多方面傳到他們那裏，說有一個名叫瞿曇②，敬稱世尊③，又號大覺佛陀④的人，出現於世了。他不但已經征服了世間的煩惱，同時也使生死輪廻的循環止住了。他在一羣門徒的環繞之下周遊各地，隨處說法度人，沒有家室，不蓄財物，身披一襲黃色的袈裟，但氣宇軒昂，確是一位聖人。許多婆羅門和王侯都拜倒他的脚下，成為他座前的聽法弟子。

這個消息，這個謠言，這個故事，到處傳播，隨處可聞。城中的婆羅門在談這個新聞，林中的沙門也在談它。大覺世尊的名字不斷傳揚，傳到了青年們的耳中，其間有的說好，有的說壞，褒，貶，讚，毀，不一而足。

正如瘟疫傳播全國一樣，這個謠言傳佈說：有一個人，一個智者，一個博學之士，他只要三言兩語，乃至吐一口氣，就足以治癒一個罹病的人，而當這個消息傳遍全國，人人都在談論的時候，深信不疑的人固然很多，疑而不信的人也不在少數。但在這當中，也有許許多多的人，立即登途尋找這位智者，追求這位澤及大眾的人。這個消息就這樣傳播着，這個令人高興的新聞就這樣報導着：這位出自釋迦⑤王族的大覺世尊，正在周遊各地，隨處說法度生。信他的人都說他有大智慧；他可以記得前生前世的生活情形；他已達到涅槃的境地而不復再受輪廻之苦，再也不會落入眾生的煩惱海中了。傳說中報導了許許多多微妙而又不可思議的事情；有人說他行使了種種奇蹟，征服了魔鬼頭子，曾與諸神面對而談。然而，反對和懷疑他的人却說，這個瞿曇是個好吃懶做的騙子；說他天天過着奢華的生活，輕視祭儀，污穢不潔，既不會修心養性，又不肯潔身自愛。

有關佛陀的傳聞聽來很有吸引力；這些報導的裏面的確是含有一種法力。這是一個多病的人間，生活殊為不易，而這時似乎有了新的希望，這兒似乎有一種信息，裏面充滿慰安、溫和而又美好的許諾。有關佛陀的消息到處傳播，整個印度各地的青年都聽到了，因而激起了一種仰慕和希望。而在城市和鄉村的婆羅門子弟，對於外來的每一位香客和異鄉人，莫不表示歡迎之情——只要他們帶來大覺世尊釋迦牟尼⑥佛的消息就好。

這些謠言傳到了林中的沙門之間，也傳到了悉達多和高聞達的耳中，每次只有一點小小的消息，每一個小小的條目，不是含着殷切的希望，就是帶着濃重的疑問。他們很少談論這件事情，因為那位年長的苦行沙門對這個消息不太歡迎。他曾聽說這位傳聞的佛陀原在山林之中苦修，但意志不堅，後來又恢復了高度的生活水準而享受人世之間的慾樂，因此，他對這位瞿曇沒有一點信心。

「悉達多，」一天，高聞達對他的朋友說道，「今天我到村中乞食，有一位婆羅門邀我進入他的住宅，裏面有一位婆羅門子弟，來自摩竭陀⑦，他曾親眼見過佛陀，並親耳聽過佛陀說法。我真是滿懷渴望，因此我在心裏想：但願悉達多和我兩個皆能有一天活着親耳聆聽佛法，由至善的世尊親口中宣說出來。我的朋友，難道我們不也要到那裏去聽聽佛陀親口說法嗎？」

悉達多回答道：「我一向以為高聞達會跟着這些沙門一輩子哩。我一向以為他的目標就是修習這些沙門所傳的法術和法門，一直修習到六十歲，七十歲，還要修習下去。可見我對高聞達認識得真是太少了！我對他心裏想的東西知道得實在太少了！而今，我的老弟，你竟想開闢一條新道路，要去聽聽佛陀的教言了。」

高聞達說道：「你儘管拿我開心好了。沒有關係，悉達多，要尋開心就尋開心吧。可是，對於這種教言，難道你沒有嚮往之情？沒有渴求之感麼？難道你不曾對我說過——這條沙門之道我不會再走多久了？」

於是，悉達多以一種奇怪的方式大笑起來，使他的語聲顯出了一絲苦澀和嘲諷的色彩，因為他說：「你說得很對，高聞達，你記得不錯，但你也該記得我對你說過的別的一些話——我曾說過我對那些言教和學識已經失去信心了，我曾說過我對那些老師的言說已經不太相信了。不過，好吧，我的朋友，我已準備去聽那種新的言教了——雖然，我打從心底相信：我們已經嚐到它的最佳果實了。」

高聞達應道：「你同意了，我很高興。但我要問你：我們還沒有聽到瞿曇佛陀的教言，怎麼可以說已經嚐到它的最佳果實了呢？」

悉達多回答道：「高聞達，且讓我們先來享受這個果實吧，其他的果實等等再說。這個果實——我們該為這個果實感謝瞿曇佛陀哩，因為，這個果實出於一個事實：他已誘導我們離開這些苦行沙門了。至於此外還有沒有別的更好的果實，且讓我們耐心地等着瞧吧。」

就在當天，悉達多將他要走的決定報告了那位年長的沙門。他以年輕弟子應有的禮貌和謙下態度向這位老人提出了這個報告。但這位老者對於這兩位青年要背他而去的事頗為震怒，因此他提高嗓門將他倆着着實實訓斥了一頓。

高聞達嚇了一跳，但悉達多對着他的耳朵悄聲說道：「以其人之道還治其人——且讓我對這老傢伙耍一手我從他那裏學來的法術。」

他靠近老人竚立着，使他的心念專注一處；他定定地注視着老人的兩眼，並以他的凝視把持他，催眠他，使他沉默下來，征服他的意志，命他乖乖地服從他的心意。老人默默無語了，兩眼發呆，意志頹廢了；他垂下兩臂，臣服於悉達多的禁呪之下，變得軟弱無力了。悉達多的意念征服了這位苦行沙門的意念；後者只有聽候吩咐的分兒了。就這樣，老人終於連連向他打躬作揖，馬上為他們做了祝福的儀式，結結巴巴地祝福他們一路順風，旅途愉快。這兩位青年謝了他的祝福，亦以打躬作揖回拜了他，而後轉身辭別。

到了路上，高聞達說道：「悉達多，你從那些沙門學到的東西，比我所知的多。催眠一位老沙門並非易事，實在很難。說真的，如果你待在那裏不走的話，要不了多久，你就學會水上行走了。」

「我不希罕水上行走，」悉達多說道。「讓那些老沙門用這些法術去滿足他們自己去吧！」

【譯註】

① 涅槃(Nirvana)：有「滅度」，「圓寂」，「寂滅」等意，為修道者所追求的最高境界，可因修因不同而有種種不一的結果，一般稱老僧命終為「涅槃」(佛陀臨終時說「涅槃經」，或係由此而來)，叢林中設「涅槃堂」，又稱「延壽堂」，「省行堂」，「無常院」，為送病僧入滅之處，恐係美稱，而非正意；佛陀或得道高僧臨終時，因可進入不生不滅、消除輪迴之苦的涅槃境

界，但一般僧徒或居士臨終時未必有此境界，故為妄稱，而湼槃大境界，不一定死後才能進入，由本書所述，可見大概。佛學大辭典「湼槃」條釋云：湼槃又作「泥曰」，「泥洹」，「泥畔」，「湼槃那」等。舊譯諸師譯為「滅」，「滅度」，「寂滅」，「不生」，「無為」，「安樂」，「解脫」等，新譯曰「波利暱縛喃」，譯為「圓寂」。此中單譯「滅」為正翻，他皆為義翻。肇師之湼槃名論曰：「泥曰，泥洹，湼槃，此三名前後異出，蓋是楚夏不同耳。云湼槃，音正也……秦言無為，亦名滅度。無為者，取於虛無，寂寞，妙滅，絕於有為；滅度者，言其大患永滅，超度四流。」湼槃玄義上曰：「既可得翻，且舉十家——一、竺道生（時人呼為湼槃聖）翻為滅；二、莊嚴大斌，翻為寂滅；三、白馬愛，翻為秘藏；四、長干影，翻為安樂；五、定林柔，翻為無累解脫；六、大宗昌，翻為解脫；七、梁武，翻為不生；八、肇論，云無為，亦云滅度；九、會稽基，偏用無為一義；十、善光宅，同用滅度。」大乘義章十八曰：「外國湼槃，此翻為滅；滅煩惱故，滅生死故，名之為滅；離眾相故，大寂靜故，名之為滅。」華嚴大疏鈔五十二曰：「譯名湼槃，正名為寂；取其義類，乃有多方；總以義翻，稱為圓寂：以義充法界，德備塵沙，曰圓；體窮真性，妙絕相累，為寂。」前言湼槃為滅等，是字釋也，更有義釋湼槃者。湼槃經二十五曰：「湼者言不，槃者言織，不織之義，名為湼槃；槃又言覆，不覆之義，乃名為湼槃；槃言去來，不去不來，乃名湼槃；槃者言取，不取之義，乃名湼槃；槃言不定，定無不定，乃名湼槃；槃言新故，無新故義，乃名湼槃；槃言障礙，無障礙義，乃名涅槃，善男子，有優樓佉迦毘羅等弟子言：槃者名相，無相之義，乃名涅槃。善男子，槃者言有，無有之義，乃名涅槃；槃名和合，無和合義，乃名涅槃；槃者言苦，無苦之義，乃名涅槃。」一般謂「離生死之苦而究竟安穩」為「涅槃樂」；謂「樂者涅槃而不利眾生」為「涅槃縛」，小乘之境界也。有判小乘涅槃與大乘涅槃不同者，法華玄論二曰：「大、小乘之涅槃凡有三義：一、本性寂滅、非本性寂滅異。小乘之涅槃，滅生死而涅槃也；大乘之涅槃，生死本來涅槃也。故法華方便品言之：諸法從本來，常自寂寂相。二、界內、界外斷惑異。小乘之涅槃，唯斷界內分段生死而止；大乘之涅槃，並斷界外變易生死也。三、眾德具否異。小乘之涅槃，無身無智，故不具眾德；大乘之涅槃，具身、智，故具法身般若之德。法華玄贊二、謂真如具三德，以成涅槃：一、真如生圓覺，名為般若，真如之體具覺性故也。小乘之涅槃，體非覺性，故不名般若。二、真如之體，以出所知障，名為法身，彼為一切功德法所依故也。小乘之涅槃，非為功德法所依，故不名法身。三、真如之體，眾苦都盡，離分段、變易生死，故名解脫。小乘之涅槃，離分段生死，未脫變易生死，故非圓滿之解脫。然就離分段之生死，謂為三乘同坐解脫之床，由此小乘亦得名涅槃，而非為大涅槃，以其不具足故也。要之，離分段、變易二生死，有無邊之身、智，具法身、般若、解脫之三德，常、樂、我、淨之四義者，大乘之涅槃也。唯離分類之生死，滅無身、智（自大乘言之，有變易生死之身、智），三德之中，僅具解脫之一分，四義之中，唯具常、樂、淨之三者，小乘之涅槃也。

有分有餘涅槃與無餘涅槃二種者，有餘、無餘，新譯曰「有餘依」、「無餘依」。「依」者，有漏之依身，對於惑業而曰「餘」。「有餘涅槃」者，為生死之因之惑業已盡，猶餘有漏依身之苦果也。「無餘涅槃」者，更滅依身之苦果無所餘也。此二種之涅槃同為一體。三乘之行人，於初成道時，雖證得之，而無餘涅槃之理，則在於命終之時。又此二種，若就大，小乘分別，則有三門：一、單就小乘分別：斷生死之因，猶餘生死之苦果，謂之有餘涅槃；斷生死之因，同時使其當果畢竟不生，謂之無餘涅槃。現無餘涅槃之相，在命終之時，蓋無餘涅槃者，灰身滅智，一、有情都滅也。二、單就大乘分別：變易生死之因盡，為有餘；變易生死之果盡，為無餘。三、大、小相對而分別：小乘之涅槃為有餘，以猶有變易生死故也；大乘之涅槃為無餘，以更無餘之生死故也。此義出於勝鬘經。又身、智永滅，大、小乘各異其說。小乘之空義，謂三乘之聖人，入於無餘涅槃，則身、智永亡而無一物，法界中滅一有情也。大乘中有性、相二宗。相宗之唯識宗，謂定性二乘之無餘涅槃，為畢竟都滅。不定性之二乘及佛之無餘涅槃，非為實滅。二乘之人，離分段生死，謂為無餘涅槃。佛息應身之化，歸於真身之本，謂為無餘涅槃。性宗、三論、華嚴、天臺之諸家，謂無有定性之二乘，畢竟成佛也。故法界無有實滅之無餘涅槃者，但息妄歸真，絹化近本，而入於無餘涅槃耳。又有分涅槃為四種者，法相宗所立：一、本來自性清淨涅槃：雖有客塵煩惱，而自性清淨，湛如虛空，離一切分別之相，言語道斷，心行處滅，唯真聖者自內所證，其性原為寂靜，故名涅槃；二、有餘依涅槃：斷盡煩惱障所顯之真如也。有餘依者，有漏之依身，對於所斷之煩惱而謂有餘。雖餘此有漏之依身，而煩惱之障，永為寂滅，故名涅槃；三、無餘依涅槃：出生死之苦之真如也，是亦與有餘依涅槃共斷煩惱障所得之真理，而顯於生死苦果斷謝之時，卽後時也。故却苦果之依身，謂為無障依，眾苦永為寂寂，謂為涅槃；四、無住處涅槃：是斷所知障所顯之真如也。所知障為智之障。二乘之人為有所知障，不了生死、涅槃無差別之理，固執生死為可厭、涅槃為可欣。佛斷所知障得菩提真智時，於生死、涅槃、離厭、欣之情，但有大智，故住於生死；為有大悲，故不住於涅槃。以利樂盡未來有情，故謂之為無住處；利樂之用雖常起，而亦常寂，故謂為涅槃。此中一切有情，有前之一。二乘之極聖，有前自證有餘無餘之三。菩薩在初地以上，有第一與第四之二。惟世尊具四也。問：依大乘所說，則如來色身，總為無漏清淨，非生死之苦果，何有有餘涅槃？既無有餘涅槃，無餘亦宜無之。答曰：就佛身論有餘、無餘，有二義：一、如來之身，雖無實質之苦果，然就示現，似於苦果之依身而論有餘、無餘也，如八相成道是。二、就無漏色身之隱、顯而論有餘、無餘也。見唯識論十，百法問答八。又有分涅槃為五種者：凡夫計度之五種涅槃：一、以欲界為證處而愛慕之故，二、愛慕初禪之性無愛故；三、愛慕二禪之心無苦故；四、愛慕三禪之極悅故；五、愛慕四禪之苦、樂兩亡故。計度此五處之現涅槃，故墮落於外道，惑於菩提之性。詳見楞嚴經。有謂涅槃具備八種法味：一、常住，二、寂滅，三、不老，四、不死，五、清淨，六、虛通，

七、不動，八、快樂。有關「涅槃」的名相及其相關、引伸詞語甚多，要皆不出上列諸意。

② 瞿曇(Gotāma or Gautama)，舊譯「俱譚」「具譚」等，為佛陀的姓氏，故為釋迦牟尼的五姓之一。佛教大辭典云：古來佛姓，有「瞿曇」，「甘蔗」，「日種」，「釋迦」，「舍夷」五種。論其異同，有諸說。十二遊經舉瞿曇與舍夷二名之因緣：梵志瞿曇之弟子曰瞿曇，世人稱為小瞿曇，為賊所殺(在甘蔗園或甘蔗果園)，師知之，以屍和泥為兩團，咒十月，成一男一女，以瞿曇為姓，又名舍夷。佛本行集經謂：淨飯六代之祖被殺，從血塊生二莖之甘蔗，次生一男一女，姓為甘蔗，別稱日種。四子移於北，倡釋迦姓，別稱舍夷。佛為甘蔗王之末，瞿曇乃姓。日種之釋迦族，故有此種。舍夷為釋迦之女聲。」

③ 世尊(the Illustrious，或係Bhagavat, Lokajyestha or Lokanāth之英譯)，為佛（任何一佛）的十號之一。佛的十個尊號為：如來(Tathāgata)，應供(Arhat)，正徧知(Samyak-sambuaddha)，明行足(Vidyācararana-sampanna)，善逝(Sugata)，世間解(Lokavid)，無上士(Anuttara)，調御大夫(Purusa-damyd-sārathi)，天人師(Sāstā · deva-manusyānam)，佛世尊(Buddha-lokanātha or Bhagavān)。所云佛世尊，顧名思義，就是為世所尊的佛，略稱世尊。佛學大辭典云：以佛具萬德，世所尊重故也，又，於世獨尊也。阿含經及成實論以為佛號中之第十，以具上之九號，故曰世尊。涅槃經及智度論置之於十號之外。智度論一曰：「路迦那他，秦言世尊。」淨影大經疏曰：「佛具眾德，為世欽仰，故號

世尊。若論胡音樓伽陀伽，此云世尊也。」探玄記九曰：「以佛具三德六義，於世獨尊，故名世尊，卽梵名婆伽婆（亦譯薄伽梵）。」

④ 佛陀(the Buddha)，亦譯「浮圖」，「浮陀」，「浮頭」，「浮塔」，「勃陀」，「勃馱」，「沒馱」，「母馱」，「母陀」，「部陀」，「休屠」，中文多簡寫作「佛」，中譯多作「覺」、「覺者」，與「世尊」兩字連稱「大覺世尊」。佛教大辭典云：譯言「覺者」或「智者」。「覺」有「覺察」、「覺悟」之二義：覺察煩惱，使不為害，如世人之覺知為賊者，故云「覺察」，是名「一切智」；覺知諸法之事理，而了了分明，如睡夢之寤，謂之「覺悟」（俗云「開悟成佛」），是名「一切種智」。自覺復能覺他，自他之覺行圓滿，名之為「佛」。自覺者，簡於凡夫；覺他者，簡於二乘；覺行圓滿，簡於菩薩。何則？以凡夫不能自覺，二乘雖自覺而無覺他之行，菩薩自覺、覺他而覺行未為圓滿故也。南山戒本疏一曰：「佛，梵云佛陀，或云浮陀，佛馱，步他，浮圖，浮頭，蓋傳者之訛耳。此無其人，以義翻之為覺。」宗輪論述記曰：「佛陀，梵音，此云覺者，隨舊略語，但稱曰佛。」大乘義章二十末曰：「佛者，就德以立其名。佛是覺知，就斯立稱。覺有兩義：一覺察，名覺，如人覺賊；二覺悟，名覺，如人睡寤。覺察之覺，對煩惱障。煩惱侵害，事等如賊，唯聖覺知，不為其害，故名覺。涅槃云：如人覺賊，賊無能為，佛亦如是。覺悟之覺，對所知障。無明昏寢，事等如睡，聖慧一起，朗然大悟，如睡得寤，故名為覺。既能自覺，復能覺他，覺行圓滿，故名為佛。言其自覺，簡異凡夫；云覺他者，

明異二乘;覺行圓滿,彰異菩薩。」論者以佛所現跡象而分佛有四種:一、藏佛:坐於摩竭陀國菩提樹下,以生草為座;於三十四心斷見思之惑,而成正覺;身長丈六;對三乘之根基說生滅之四諦;為八十之老比丘,灰身滅盡於雙樹下;唯有此佛為十方之佛,三世之佛,悉是他佛也。二、通佛:既於因位斷三惑之正使,於摩竭陀國七寶菩提樹下,以天衣為座,以一念相應之慧,斷餘殘之習氣而成正覺;其本身如藏佛,為丈六之劣應身,而時或以神力現尊殊之勝應身,故謂之帶劣勝應身;通機有利、鈍二機,其鈍根者,觀不但空之理,故如後之別教,見尊特之勝應身;是亦對於三乘之根基而說無生之四諦,現八十之老比丘,而入滅於雙樹下,如藏佛;是亦為自身一佛,而他佛非吾分身也。三、別佛:斷十二品之無明,入於妙覺之位;坐於蓮花藏世界七寶菩提樹下之大寶華正座,或於色究竟天受受職落頂而現圓滿之報身(他受用身);唯為菩薩眾轉無量及無作四諦之法輪,此卽是華嚴經、梵網經所說之盧舍那佛也。四、圓佛:斷四十二品之無明而成清淨法身,居常寂光土;以虛空為座,卽是華嚴經、普賢觀經所說之毘盧遮那佛也(臺家以盧舍那為報身,以毘盧遮那為法身)。又有說云:大乘許於一時有多佛出世,小乘則於俱舍十二有二說:薩婆多師之義,無邊之世界,唯有一佛出世,無二佛於同時出世者;餘師之義,則一三千大千世界,雖無二佛於同時出世,而其他三千大千世界佛之出世,非無與之同時者。故無量之世界,同時有無量之佛出世。智度論九同舉此二義,以前義為不了義,後義為了義。所有「佛經」,「佛法」,「佛性」,「佛心」等名，皆由此而來。

⑤ 釋迦(Sakya)，為佛陀出身的種族或姓氏名，略稱釋氏，有云為釋迦牟尼或釋迦文（見本章譯註⑥）之略者，訛也。佛教大辭典云：釋迦者，姓也，為刹帝利種之一族，本稱瞿曇氏，後分族而稱釋迦氏，總有五名（見本章譯註②），其意為「能仁」，既指佛陀其人，故用語上亦作佛字運用；所有釋子（釋迦佛之弟子，從釋迦師之教化而生，故名），釋教（釋迦之教），釋典（釋教之經典），釋門（釋教之門戶），釋家（猶言佛家也），釋尊（釋迦世尊），釋藏（釋教三藏），釋種，釋氏等稱，皆由此而來。佛教大辭典「釋」字條云：釋，佛世尊之姓也，佛法始來中土，僧猶稱俗姓，或稱竺，或弟子依師之姓，如支遁，本性關，學於支謙，所為支；帛道猷，本性馮，學於帛尸梨密多，故為帛。晉道安始云：佛以釋迦為氏，今為佛子者，宣從佛之氏，卽姓釋。及後阿含經度來，經說果然，因是舉天下從之（是為佛教僧侶名號之上冠「釋」之由來）。易居錄二十二曰：「沙門自魏晉以來，依師為姓，道安遵釋迦，乃以釋為氏。後見阿含經云：四河入海，無復河名；四姓沙門，皆稱釋種。自是遂為定式，為沙門稱釋之始。」

⑥ 釋迦牟尼佛(the Sakyamuni)，為佛陀之法號，亦稱「釋迦文佛」（參見本章譯註②，③，④，⑤及「觀河聽水」章譯註②），釋迦意謂「能仁」，「牟尼」譯云「寂默」，合曰「能仁寂默」，隱含悲、智雙運之意。佛學大辭典記其略傳云：印度迦毘羅城主淨飯王之子，母曰摩耶，

名悉達多太子（簡稱「悉達太子」），誕生於城東嵐毘尼園。生後七日，母歿，姨母波闍波提養育之，跋陀羅尼教養之。幼對人生諸現象，既有思維之處，或於閻浮樹下思耕農之苦，或見諸獸相食而厭人生之鬪爭；又於四門出遊之途上觀生、老、病、死之相而有出世之志；遂乘月夜，令侍者車匿為伴，跨白馬犍陟出家；尋跋陀伽婆，而聞苦行出離之道；更訪阿藍迦藍於摩竭陀國王舍城北彌樓山，聞僧法派之法；轉而歷問鬱陀羅仙，皆不得所求之大法；去而入優婁頻羅村苦行林，嚴苦六年，形容削瘦，極酷烈之苦；繼以為苦行非解脫涅槃之道，斷改前日之行，浴於尼連禪河，以去身垢，受村女所奉之乳糜（苦行沙門興謗由此，而本書主角悉達多思離苦行林，或亦本此？）坐正覺山菩薩樹下，思維曰：「不得正等覺，不起於斯座！」思維七七日，觀四諦、十二因緣之法，於是成覺者世尊，為人天之師，時年三十有五。自是以後，四十餘年，遊歷四方，化導羣類；西曆紀元前四百八十七年於拘尸城外娑羅雙樹，包於白花之香，而遂大般涅槃。

⑦ 摩竭陀（Magadha）亦譯「摩竭提」，「摩揭陀」，「摩伽陀」，「摩訶陀」，為古代中印國名，王舍城所在地，譯言「持甘露」，「善勝」，「無惱」，「無害」等，或為星名，或為古仙人或帝釋前身之名，是釋尊大悟成佛之處，故亦為佛教發祥地，後為佛教中心地區，直至西元後四百年云。

大覺世尊

在舍衛城①中，每一個孩子都知道大覺世尊的名字，每一戶人家都準備裝滿他那些默默行乞的弟子的鉢盂。佛陀的常居之處——祇陀園林②——是當地的富商、也是世尊的忠實信徒給孤獨長者③出資，買給佛陀及其弟子的精舍。

這兩位尋找瞿曇佛陀住處的青年苦行沙門，一路循著傳說和打聽來到了這個區域，而在他們剛到舍衛大城，剛剛站在第一戶人家門前默默乞食時，隨即就得到了佈施。他倆吃罷所施之食，悉達多便向施食的那位女施主問道：

「施主，請問您，大覺世尊住在哪裏？我們是來自森林的沙門，很想覲見這位至人，聽他親口說法。」

那位女士答道：「哦，來自森林的沙門，你們走對地方了。世尊寄居祇園精舍，就是給孤獨長者購贈佛陀的祇陀園林。你們既是遠方來的遊方僧人，不妨在那裏過夜，因為那裏地方很大，足夠容納蜂擁而來聽他說法的善男信女。」

高聞達聽了十分高興，非常開心地說道：「啊，我們總算抵達目的地了，我們的行程終於告一段落了。不過，請問您，這位大媽啊，您也認識大覺世尊嗎？您曾親眼見過他嗎？」

那位女士答道：「我豈止見過世尊？已經見過好多次了。有好多天，我曾親眼見他穿着一襲黃色袈裟，靜靜地走過大街小巷，托着鉢，靜靜地立在居民的門口，而後帶着裝滿的鉢盂，靜靜地離開。」

高聞達愈聽愈入神，還想再多問些，再多聽些關於佛陀的一切，但悉達多提醒他：該走了。於是，他倆向她道了謝，這才轉身走開。他們幾乎用不着再向別人問路了，因為，到祇園精舍的路上，來來往往的雲水僧人和佛陀弟子多得很哩。當他倆於天黑到達那裏時，仍有許多新來的人陸陸續續的來到。那裏人聲嘈雜，為的是尋求住宿之處。這兩位早已過慣林居生活的沙門，很快就找到遮避風雨之處，並靜安頓下來，直到次日清晨。

日出時，他們看到大批信眾和好奇的大眾在那裏過夜，頗感意外。穿着黃色僧袍的比丘們，在莊嚴肅穆的祇陀園林中小徑上漫步經行。這兒，那兒，他們隨處坐着，有的在樹下打坐，專注於禪觀默想，有的談經論教，神采異常。綠蔭深濃的佉大花園，好似一座滿是蜜蜂的都市一般。絕大多數的僧侶都帶着鉢盂去乞食，以求午前的一餐——他們過午不食，故而也是當天唯一的一餐，卽連世尊本人，也要在午前親自持鉢去走一趟。

悉達多一眼看到了他，隨卽就認出了他，好像冥冥中有神指點一般。他看到他穿着一件帶有布帽的黃色僧袍，捧著一隻鉢盂，靜靜地從他的住處走出，真不愧是一位沒有架子的謙遜之人。

「你看，」悉達多悄悄對高聞達說道：「佛陀來了。」

高聞達聚精會神地凝視這位身着黃袍的僧侶，表面上看來，他跟其他數以百計的其他比丘並無兩樣，但高聞達很快就認出了他。不錯，那就是他，於是他倆立卽跟在他的後面，瞻仰他的神采。

佛陀一路靜靜地走着，專注於他的禪定和靜慮之中。他那安詳的面容上，既無歡樂，亦無憂戚。他似乎是在他的內心之中微微笑着。他一路走着，靜默地，從容地，帶着那副隱約的微笑，好像一位健康的嬰兒。他身着長袍走着，跟其他僧侶一模一樣，但他那種面容和步履，那種平靜下垂的眼神，那隻平靜的臂膀，乃至手上的每一根指頭，莫不透露着清靜，完美，圓滿自足，無欲無求，毫不做作，在在都反映着一種持續的靜穆，一種不褪的光輝，一種不可破壞的祥和。

佛陀就這樣走着，一路進城乞食，而這兩位青年沙門，之所以能在眾僧之中認出他，就憑他那舉止的安靜，形體的平靜——其中沒有尋求，沒有意慾，沒有虛假，沒有勉強——有的只是光明與安詳。

「今天我們可要親耳聽他親口說法了，」高聞達說道。

悉達多沒有答腔，因為他對言教感到並不怎麼好奇。他不認為人家會有什麼新的東西可以傳授他。他跟高聞達一樣，早就聽過佛陀言教的要義了，只不過那是經過一再輾轉的傳聞而已。但他專心一意地瞻視着佛陀的頭部，雙肩，兩足，以及他那平靜下垂的手，因為，在他看來，他那隻手的每一根指頭的每一個關節，莫不流露着智慧；它們都在陳述着真理的真義，透露着真理的氣息，放射着真理的光輝。這位男子，這位覺者，確是一位徹頭徹尾的真正聖人。悉達多從來沒有這樣尊重過一個人，從來沒有這麼敬愛過一個人。

他倆靜靜地跟着佛陀進入城中，而後又靜靜跟着他回到原地。他倆那天特意斷食一天。他倆目睹佛陀乞食轉回，目睹他在他的弟子羣中用餐——他吃得很少，可說不足餵飽一隻飛鳥——而後目睹着他退隱到芒果樹蔭之下。

但到晚上，暑氣一旦消退，在帳篷裏的每一個人都警惕起來，一起去聽佛陀說法。他倆聽到了他的語聲，而他的語聲跟他的丰采一樣，也是十分完美，平靜而又安詳的。佛陀講到了人生之苦，苦的緣起，以及解脫之道。人生痛苦，世間充滿痛苦，但脫苦之道已經找到，只要遵行佛陀所行的道路，就可得到解脫，就可以得到救度。

大覺世尊以一種溫和而又堅定的語氣講解四聖諦和八正道④；他不憚其煩地耐心講述，用了通常所用的舉例和複述的教學方法。他的語聲清晰而又平靜地傳入聽眾的心中——像一道光線，像一顆明星，劃過黑暗的天空。

佛陀說法完畢，已是夜幕低垂的時候了，許多慕道而來聽法的人都紛紛走向前去，請求佛陀准許皈依⑤，加入他所領導的僧團，作為常隨聞法的徒眾。佛陀一一接納他們，並對他們說道：「你們已聞正法，那就加入我們，共修共進，共同離苦赴樂吧。」

平常有些畏縮的高聞達，這時也走上前去說道：「我也要皈依世尊和他的佛教。」他請求允許進入僧團，也得到了接納。

一待佛陀退去過夜，高聞達立卽等不及地向悉達多急切地說：「悉達多，不是我要責備你。我們兩個都聽了佛陀的教言，我們兩個都聞了他的說法。高聞達聞了法就信受了，可是你，我的好友，難道你不想踐履解脫之道麼？難道你還要牽延、還要觀望麼？」

悉達多聽了高聞達的這番話，如夢初醒。他注視高聞達的面孔，注視了好一陣子，然後，他溫和地回應，不含一點嘲諷的意味。「高聞達，我的朋友，你已跨進了一步，你已選擇了你的道路。高聞達，你一直做我的朋友，一向跟在我的後頭。我常在心裏想：難道高聞達不能心領承當麼？沒有我就寸步難行了麼？現在，你已是一個男子漢了，並且已經選擇你自己的道路了。我的朋友，願你踐履此道，貫徹始終。願你求得解脫之果！」

高聞達仍未完全了解他的意思，還是不耐煩地繼續說道：「我的好友，答應我，說你也要發誓歸依佛陀！」

悉達多以一隻手搭在高聞達的肩上。「高聞達，你已聽到我的祝願了。我再重述一次：願你實踐此道，有始有終。祝你求得解脫之果！」

此際，高聞達才明白他的朋友要離他而去了，禁不住流出了眼淚。

「悉達多，」他哭着叫道。

悉達多溫和地勉勵他。「高聞達，」他說道，「不要忘了，你現在已經成為佛陀的聖眾之一了。你已放棄了你的家園和雙親，你已放棄了你的身分和財產，你已放棄了你一己的意欲，你已放棄了友誼的牽絆。這正是那種教義所開示的，這正是世尊的志願所在。這正是你寄望你自己的地方。高聞達，明天我就得離開你了。」

這兩個朋友在林中信步而行，徘徊了好一陣子。他倆臥下在草地上，但久久無法入睡。高聞達一再迫使他的朋友，逼他說出為何不能信奉佛教的原因，要他說出佛教究竟有什麼缺陷，但每一次都被悉達多支吾開去了：「放心吧，高聞達。」他說：「世尊之教非常好。叫我怎能挑出它的缺陷？」

大清早上，佛陀的一位年長弟子，尋遊整個祇園找他，要所有新皈依的信眾接受黃色的袈裟，以便聽受初步的教義和關於僧職的指示。至此，高聞達只好讓他自己脫出友情的繫絆，於是他擁抱了他這位童年的朋友，穿上了僧侶的袈裟。

悉達多在林中漫步，進入了深沉的思緒之中。

就在那裏，他遇見了大覺世尊，而這位青年，就在他恭恭敬敬地向佛問候而佛的神情又顯得那樣和藹平靜時，鼓起了勇氣請求世尊准許跟他交談。世尊默默地點了點頭，表示允許了。

於是，悉達多說道：「世尊，昨天我有幸聽了您的微妙說法。我是和我的朋友特地從遠方趕來聽法的，如今我的朋友要留在您的身邊，並且已經宣誓皈依您了。可是我，仍要重新踏上我的求道歷程。」

「人各有志，」世尊禮貌地說道。

「我的話也許說得太狂了一點，」悉達多繼續說道，「但我欲罷不能——要將我心中想說的話老老實實地稟告世尊，然後才能告辭世尊。世尊願意聽我略述數言否？」

世尊點頭默許了。

悉達多接着說道：「世尊，最重要的一點是：我很敬慕您的教言。您所說的一切，悉皆明白透徹，都已得到驗證。你指出，這個世界是一條連續不斷的鎖鏈，一切的一切，皆由因果結在一起。關於這一點，從來沒有人說得這樣清楚，從來沒有人做過如此不可反駁的舉證。不用說，每一個婆羅門，只要透過您的教義去看世間，都會因為發現它前後一貫、沒有任何縫隙可乘，澄澈得猶如琉璃水晶，既非出於偶然，亦非諸神造成，而感到心跳加劇。不論世間是善是惡，不論人生是苦是樂，不論它是否實在——這也許是無關宏旨的一點——單看這個世界的完整統一，一切萬法的有條不紊，以及其中的大、小相含——悉皆出自同一個根源，出於同一個生、住、異、滅的因果法則：所有這些，世尊，悉皆從您那殊勝的教示發出清澈的光明。但是照您的教理來說，一切萬法的這種完整統一和邏輯的因果關係，有一個地方含有一個破綻。某種新奇的東西，某種新穎的東西，某種從未之有、現在也無法舉證的東西：亦即您那超越這個世界的解脫之說，由一個小小的裂縫，流進了這個完整統一的世間。這個完整而又統一的世界，就因有了這個小小的裂縫，就因有了這個小小的漏洞，而再度崩潰了下來。請原諒我——假如我提出的是與您相反的異見。」

佛陀靜靜地聆聽着，一動也不動地聆聽着。現在，這位至人終於以他那種溫和、禮貌而又明晰的語氣說話了。「啊，梵志之子，你已聽了我所說的法，聽得很好，而且善加思念，這是你的善根。你發現了一個缺陷。好好的再想一下。讓我提醒你，你們面對議論葛藤和語言矛盾求知的人。議論毫無意義；不論好、醜、智、愚，任何人都可加以擁護或排斥。但你所聽到的佛法，並不是我的議論，而它的目的也不是向求知的人解釋這個人世的一切。它的目的完全是另一回事：它的目的在於助人離苦得樂。這便是瞿曇所說的法，除此之外，沒有任何別的意義。」

這位婆羅門青年說道：「啊，世尊，不要對我生氣。我這樣說，並不是為了跟您爭論語言上的問題。您說議論毫無意義，這話是對的，但請容我再提一點。我對您不曾有過一念的懷疑。我一念也不曾懷疑過你是大覺世尊，我一念也不曾懷疑過您已達到數以千計的婆羅門及其子弟努力追求的究極目標。您是以您自己的努力，以您自己的辦法，利用思維，運用禪定，透過知識，經由覺悟達到這個目的。您沒有從言教上學到任何東西，因此，世尊，我認為沒有人可從言教上得到解脫。啊，世尊，您無法用語言和言教將您在開悟那個時候所體驗到的一切傳授於人。大覺世尊的教言裏面含容很多東西，教導很多事情——例如怎樣過正直的生活，如何避惡向善，等等。但有一樣東西，不在這種明白有用的教誨之中；世尊在成千累萬的婆羅門中獨自證悟到的那個秘密，不在這種言說裏面。這是我在聽您說法時想到、體會到的一點。這就是我為什麼要繼續走我的道路，不再尋求其他更好教義的原因，因為我已知道，此外沒有更好的辦法——只有拋開一切言教，離開一切導師，自力達到目標——要不就是死掉！不過，世尊，我將常常憶念此日此時，因為此日此時我曾親眼目睹一位真正的聖人。」

佛陀垂眉不言，他那深不可測的面神顯露了十足的平靜，超然。

「我希望你不要做錯誤的推測，」世尊緩緩地說。「祝你達到你的目標！不過，請告訴我：你有沒有見過我的清眾？有沒有見過歸依佛教的許多兄弟？啊，遠來的沙門，在你看來，對於這些人而言，要他們放棄佛教，恢復世俗的生活而在煩惱之中折騰，是不是更好呢？」

「我從來沒有那種想法，」悉達多叫道。「願他們追隨佛教！祝他們達到目標！我不批判他人的生活。我只能為我自己判斷。我不得不有所取捨。啊，世尊，我們沙門追求自我的解脫。設使我做了您的追隨者之一，恐怕那也只是虛有其表罷了，難免要自我欺騙，自認已經達到解脫的安穩之境，骨子裏自我不但依然活着，而且仍在繼續滋長，因為它將化成您的教言，縱入我的皈依與我對你和僧團的敬愛之中。」

佛陀帶着微笑，以不可動搖的澄明和友善，沉靜地注視着這位外來的客人，而後以一種幾乎無法看出的手勢，示意他退去。

「啊，沙門啊，你很聰明，」世尊說道，「你知道怎樣聰明地交談。但是，我的朋友，謹愼小心些，不要聰明過度了！」

佛陀走開了，但他那副神采和淡淡的微笑都烙上了悉達多的心版，永遠永遠。

悉達多心下想道：我從來沒有見過一位僧人像那樣看人，那樣微笑，那樣行、坐、住、臥。我也要像那樣看人，那樣微笑，那樣行，坐，住，臥，那樣自在，那樣從容，那樣莊嚴，那樣高貴，那樣有節制，那樣坦蕩，那樣純樸而又神秘莫測。一個人只有在征服了自我之後才能那樣看人和行動。我也要征服我的自我才行。

我已見到了一個人，只有一位，悉達多心下想道，只有在他面前，我才必恭必敬。此後我將不再在任何他人的面前低頭了。既然連這個人的言教都沒有吸住我，其他的言教也就更不會吸住我了。

佛陀已經打刼了我，悉達多心裡想道。但他雖打刼了我，却也給了我更有價值的東西。他刼去了我的朋友，因為這位朋友原是相信我的，如今却信奉他去了；這位朋友原是我的影子，如今却做他的影子去了。但他却給了我我悉達多，給了我自己。

【譯註】

① 舍衛(Savathi)，本城名，後以為國號。其國本名「憍薩羅國」，為別於南方之「憍薩羅國」，故以城名為國號；新作「室羅伐」，「室羅伐悉底」；譯曰「聞者」，「聞物」，「豐德」，「好道」等；別名曰「舍婆提城」，「尸羅䟦提」，「捨羅婆悉帝夜城」。佛在世時，波斯匿王居於此。城內有祇園精舍。其地卽今印度西北部拉普的河南岸，在烏德之東，尼泊爾之南。玄應音義三

曰：「舍衛國，云無物不有國，或言舍婆提城，或言捨羅婆悉帝夜城，訛也，正言室婆伐國，此譯云聞者城。法鏡經云開物國。善見律云，舍衛是人名，昔有人居住此地。往古有王，見此地好，故乞立為國，以此人名號舍衛國，一名多有國，多有聰明智慧人及諸國珍奇，皆歸此國也。」彌勒上生經疏上曰：「梵言室羅伐悉底。言舍衛者，訛略也。此中印度境憍薩羅國之都城名，為別南憍薩羅國，故以都城為國之稱。真諦法師云：昔有兄弟二人，一名舍婆，二名婆提，故彼所翻金剛般若，云在舍婆提城。兄弟二人於此習仙，後而果遂，城因此號舍婆提。今新解云：應云豐德城——一、具財物。二、妙欲境，三、饒多聞，四、豐解脫——國豐曰德，故以名焉。」又「舍衛城」條解云：或云「舍婆提」，此翻「聞物」謂寶物多出此城；又翻「豐德」。天臺云：舍衛城，又名「舍婆提」者，昔有二仙，弟名舍婆，此云幼小；兄名河跋提，此云不可害，合此二人，以名城也。參見下引兩條譯註。

② 祇陀園林(The Jetavana Grove)，略作「祇園」，「祇洹」，「祇桓」，「祇樹」，皆「祇哆槃那」，「祇樹給孤獨園」之略。「洹」、「桓」二字，經論互用，或云梵語，或云漢語，「桓」者，「林」也。「祇陀」：新稱「逝多」或「誓多」，譯曰「勝」，為舍衛國波斯匿王太子之名；「祇哆槃那」：新稱「逝多飯那」，「誓多飯那」，譯作「勝林」，祇洹精舍所在之處；「祇樹」：祇陀太子之樹林，略名「祇樹」，是太子供養佛者。「祇陀林」，「祇洹林」，「祇洹飯那」，「祇哆槃那」，皆同，新稱「誓多林」。慧琳音義十曰：「祇樹，梵語也，或云祇陀，或云祇洹，或云祇園，

皆一名也。正梵音云誓多，此譯為勝，波斯匿王所治之城也。太子亦名勝。給孤長者，就勝太子，抑買園地，為佛建立精舍，太子自留樹，供養佛、僧，故略云「祇樹」也。祇樹給孤獨園：舍衛國有長者哀恤孤危，世人呼曰「給孤獨」，佛在摩揭陀國時來聞法，三歸為優婆塞，後乞佛來舍衛國度人，以園林獻佛，佛許之。長者歸國選園林，以太子誓多之林園為第一。彌勒上生經疏上，慈恩以二人之名載園林名之因緣曰：「園地善施所買，樹林誓多所施：二人同心，共崇功德，自今以後，應謂此地為誓多林給孤獨園。」參見上面譯註①及下面譯註③。

③ 給孤獨長者(Anadhapindika)：佛在世時長者之名，梵語本名「蘇達多」或「須達多」(Sudatta)，譯曰「善施」，梵語別號「阿那陀擯荼陀」，譯曰「給孤獨」，略名「給孤」，建祇洹精舍之人，為中印度憍薩羅國舍衛城之豪商，性慈善，好施孤獨，故有此名。在王舍城聽佛說法，深皈依之，請至其國，購太子祇陀之園林，以贈釋迦，由是佛教大行其地。參見上引兩條譯註(以上皆見佛學大辭典)。

④ 四聖諦(the Four Main Points)，亦譯「四真諦」，原文為catvāri ārya-sattyāni，卽「苦」，「集」，「滅」，「道」四者：八正道(the Eightfold Path)，亦譯「八道船」，「八正門」，「八由行」，「八遊行」，「八道行」，「八直行」，「八直道」，「八正道分」，「八聖道支」，原文為Āryamārg，亦卽正見，正思維，正語，正業，正命，正精進，正念，以及正定八者：連同隱含文中的「十二因緣」(the Twelve nidānas; Dvādasānga pratītyasamutpāda)，又譯

「十二輪」，「十二有支」，「十二牽連」，「十二棘園」，「十二緣起」，「十二重城」，「十二因緣觀」，「十二支佛觀」，亦卽「無明」，「行」，「識」，「名色」，「六入」，「觸」，「受」，「愛」，「取」，「有」，「生」，「老死」等十二個項目，如環輪轉；為佛陀初轉法輪時的根本教理，亦即悉達多所指的言教。佛教大辭典釋四諦云：「四聖諦」，四聖諦者，「聖」者所見之真理也。一、「苦諦」，二、「集諦」，三、「滅諦」，四、「道諦」。止持會集音義曰：「苦諦者，苦以痛、惱為義，一切有為心行，常為無常患累之所逼惱，故名為苦。大論云：無量眾生，有三種身苦——老、病、死；三種心苦——貪、嗔、癡；三種後世苦——地獄，餓鬼，畜生。總而言之，有三苦、八苦等，皆三界生死之患。諦審生死實是苦者，故名苦諦也。集諦者，集以招聚為義，若心與結業相應，未來定能招聚生死之苦，故名為集。審知一切煩惱惑業，於未來定能招集三界生死苦果，故名集諦也。滅諦者，滅卽寂滅，滅以滅無為義。結業既盡，則無生死之患累，故名為滅，以諸煩惱結使滅故，三界業亦滅。若三界業煩惱滅者，卽是滅諦有餘涅槃；因滅故果滅，捨此報身時，後世苦果永不相續，名入無餘涅槃。諦審涅槃實為寂滅，故名滅諦也。道諦者，道以能通為義，正道及助道，是二相扶，能至涅槃，故名道諦。審此二道相扶，實能通至涅槃不虛，故名道諦也。」涅槃經云：「若能見四諦，則得斷生死。」有「四種四諦」分別云：四諦之法，雖為初對小乘淺近之機之法門，然其理則通法大、小一切佛法，故天臺從涅槃經聖行品所說，安立四種之四諦，以配「藏」、「通」、「別」、「圓」之四教：一、

「生滅四諦」：苦、集、道之三諦，依因緣而有實之生滅。滅諦者，可視為實之滅法，如此立於實生實滅上之四諦，謂之「生滅四諦」，是小乘教、卽三藏教所說也。二、「無生四諦」：苦、集、道之三諦，如實卽空，無實之生滅。滅諦本來自空，不生不滅。了此苦、集、道之因果當體卽空，而不見生滅，故謂之「無生四諦」，卽通教之所說也。三、「無量四諦」：於苦諦涉於界之內外而有無量之相，乃至就道諦而有無盡之差別，此乃是大菩薩之所修學，故謂之「無量四諦」，是別教之四諦也。四、「無作四諦」：煩惱卽菩提，故無斷集、修道之造作；生死卽涅槃，故不須滅苦、證滅之造作；如此離斷證造作之四諦，故謂之「無作四諦」，是圓教之四諦也。見法華玄義三。又云「四真諦」、「四聖諦」者：其理真正，故云「真諦」；為「聖者」之所見，故云「聖諦」。見涅槃經五十，智度論二。佛教大辭典釋「八正道」云：總謂之「八正道分」，亦名「八由行」，俱舍作「八聖道支」。「聖」者，「正」也。其道離偏邪，故曰「正道」。又「聖者」之道，故謂「聖道」也。一、正見：見苦、集、滅、道四諦之理而明之也。以無漏之慧為體，是八正道之主體也；二、正思維：既見四諦之理，尚思維而使其智增長也。以無漏之心所為體；三、正語：以真智修口業，不作一切非理之語也。以無漏之戒為體；四、正業：以真智除身之一切邪業，住於清淨之身業也。以無漏之戒為體；五、正命：清淨身、口、意之三業，順於正法而活命，離五種之邪活法（謂之五邪命）也。以無漏之戒為體；六、正精進：發用真智而強修涅槃之道也。以無漏之勤為體；七、正念：以真智憶念正道而無邪念也。以無漏之念為體；八、正定：以真智入於無漏清淨之禪定也。以無漏之定為體。此八法盡離邪非，故謂之正；能別涅槃，故謂之道；總為無漏，不取有漏，是見道位之行也。（又，「五邪命」者：修行人不如法事而為生活也：一、詐現異相：於世俗之人詐現奇特之相，以求利養者；二、自說功能：說自己功德，以求利養者；三、占卜吉凶：學占卜而說人之吉凶，以求利養者；四、高聲現感：大言壯語而現威勢，以求利養者；五、說所得利，以動人心：於彼得利，則於此稱說之，於此得利，則於彼稱說之，以求利養者。見智度十九。）佛學大辭典解釋「十二因緣」云：新作「十二緣起」，舊作「十二因緣」，單名「因緣觀」，「支佛觀」，一名「十二重城」，一名「十二牽連」，亦名「十二輪」，又名「十二棘園」，是為辟支佛之觀門，說眾生涉三世而輪迴六道之次第緣起也。五句章句經曰：「一切眾生，常在長獄，有十二重城圍之，以三重棘籬籬之。」「三重棘籬」即三界，又名「三世」；「十二重城」即十二因緣也。增一阿舍經四十曰：「佛自看比丘病，因責諸比丘言：汝為何事而出家耶？為畏王等故，欲捨十二牽連。」三世繫續，故名「牽連」。輔行三之三曰：「十二輪者，大瓔珞文，展輾不窮，猶如車輪。」（妙玄二本曰：「一名十二重城，亦名十二棘園」，是依五句章句經棘籬之語也）：一、無明、過去無始之煩惱也；二、行：依過去世煩惱而作之善惡行業也；三、識：依過去世業而受現世受胎之一念也；四、名色：在胎中之心、身逐漸發育之位也；五、六處：為六根具足將出胎之位也；六、觸：二、三歲間對於事物未識別苦樂、但欲觸物之位也；七、受：六、七歲以後，逐漸對事物識別苦樂而感受之位也；八、愛：十四、五歲以後，生種種欲，盛愛欲之位也；九、取：成人以後，愛欲愈盛，馳驅諸境，取求所欲之位也；十、有：依愛、取之煩惱，作種種之業，定當來之果位也；十一、生：卽依現在之業，於未來受生之位也；十二、老死：於來世老死之位也。其中無明與行二者，卽惑業之二，屬過去世之因；識、名色，六處、觸、受五者，屬緣於過去惑業之因而受現在之果，是過、現一重之因果也；又，愛，取二者為現在之惑，有則為現在之業也，緣於此惑業現在之因而感未來之生與老死之果，是現、未一重之因果也。此為三世兩重之因果。依此兩重之因果，而知輪迴之無極。蓋既見現在之惑（愛、取）業（有）由現在之苦果（識乃至受）而生，則知過去之惑（無明、行）業亦從過去之苦果而生，既見現在之苦果（識乃至受）生現在之業（有），則亦知未來之苦果（生、老死）生未來之業。上溯之，則過去之惑業更從過去之苦果而來；下趁之，則未來之苦果更生未來之惑業。過去無始、未來無終，此為無始無終之生死輪迴。辟支佛觀之，一以厭生死，一以知無常實之我體，遂斷惑業而證涅槃也。其中分別因與緣，則行與有之二支是因，無明與愛、取之三支是緣，餘七支總是果，但果為還起惑業因緣之緣，故攝之於緣中，不別存果名，是曰因緣觀。有生、滅與順、逆二種觀法：甲、一、生觀：觀緣無明生行，緣行生識，乃至緣生老死，次第生起之相也，是為流轉門；二、滅觀：觀無明滅則行滅，乃至生滅則老死滅，次第滅壞之相也，是還滅門（見四教儀）。乙、一、順生死觀：觀有漏業為因，愛、取等為緣，感識等乃至老死等生死果之相也：二、逆生死觀：觀無漏之正慧為因，正行為像，證涅槃果之相也，是為流轉、還滅之二觀。（見止觀五之三）。十二因緣與四諦之關係：若但依生觀、順觀二者，則十二因緣為苦，集之二諦，即無明、行、愛、取，有之五支為集諦，餘七支為苦諦也：若依生、滅二觀，順、逆二觀，則其生、順二觀為苦、集、之二諦，滅、逆二觀為道、滅之二諦也。（詳見佛學大辭典）

⑤

皈依（英譯為asked to be accepted into the community，含有請求准許皈依之意，故作此譯）：此詞兼含「皈命」之意，故兼釋之。所謂「皈依」，各宗教皆有之，佛教的解釋是：向勝者皈投依伏也。大乘義章十曰：「皈投，依伏，故曰皈依。皈依之相，如子皈父：依伏之義，如民依王，如怯依勇。」佛教有「三歸」，皈依佛、法、僧也。皈依佛者，捨邪師而事正師也。大乘義章十曰：「依佛為師，故曰歸佛。」皈依法者，捨邪法而修正法也。大乘義章十曰：「憑法為藥，故名歸法。」皈依僧者，捨邪友而伴正友也。大乘義章十曰：「依僧為友，故曰歸僧。」有「三歸戒」，為皈依佛、法、僧三寶之戒法。又歸命者，梵語曰「南無」，譯曰「歸命」，此有三義：一、身皈命於佛：二、皈順佛之教命：三、命根還歸於一心本元：總為表信心至極之詞。起信論義記上曰：「一、皈者，趣向義：命謂己身性命，生靈所重，莫此為先……二、皈是敬順義，命謂諸佛教命。」有「皈命頂禮」，頂禮者以神佛之足戴其頂上而禮拜者，是皈命為意業之禮拜，頂禮為身業之禮拜也。

豁然省悟

悉達多離開了至人佛陀住持的那座園林，離開了他的朋友高聞達待下的那座園林，同時感到他此前的生活也留在他腦後的那座園林之中了。他一路緩緩地走着，腦中充滿了這種思緒。他深切地思維着，直到此種感覺完全懾服了他，而他也達到了看清萬法因緣①所生的一點；因為，在他看來，看清因緣生法的辦法就是思維，因此，感覺只有透過思維才能化為知識，才能成真而開始成熟，才能不致喪失。

悉達多一邊走着路，一邊深深地思維着。他體會到他已不再是一個少年了；如今他已成為一個成年人了。他體會到某種東西已經像蛇脫殼一樣離他而去了。某種東西已經不再在他身上了，曾經陪他度過少年時期並曾作為他的一部分的那個東西，如今已經離他而去了：而這便是尋師求道的意欲。甚至連他所遇到的最後一位老師、最偉大，最智慧的導師——至尊至聖的大覺佛陀，他也離開了。他必須離開他：他不能接受他的言教。

這位思維者一邊緩緩地走路，一邊默默地自問：你想向言教和導師求學的是什麼？他們傳授給你不少東西，但無法傳授給你的究是什麼？而他想到：那是自我——我想學知的是自我的特質和本性。我想將我自己趕出這個自我之外，加以征服，但我無法征服它，只能欺騙它，只能逃開它，只能躲避它。實在說來，在這個世上，佔我思緒最多的，就是這個自我，就是我活着，我與其他每一個人是一非二而又相離相別，我是悉達多而非他人的這個啞謎；而在這個世上，我知得最少的，却是與我自己、與我悉達多相關的一切。

這個思維者，一路緩緩地走着，忽然被這個思緒一把抓住而驀然打住，而由這個思緒忽又生起另一個思緒。這就是：我之對我自己之所以毫無所知，悉達多之所以對他自己一直陌生而毫無認識，乃是因了一點，只是因了一點——我駭怕我自己，我一向在逃避我自己。我一向在追求大梵，追求神我；我希望摧毀我自己，離開我自己，就是為了想在這個未知的最內深處發現這個萬法的核心，神我，生命，神性，絕對。可是，我却因為如此做而在道途之中迷失了我自己。

悉達多舉目向四周掃視了一下，臉上顯出了一片微笑，而一陣強烈的大夢初醒之感掠過了他的全身。他立卽再度前進，快速地前進，好像一個已經胸有成竹的人。

這就是了，他在心裏想道，深深地舒了一口氣，我再也不想逃避悉達多了。我再也不要將我的心思用在神我和人世的煩惱上面了。我再也不要爲了尋求廢墟後面的秘密而支解、而摧毀我自己了。我將不再研讀瑜珈吠陀經②，不再研讀阿達婆吠陀經③，不再修習苦行禁慾，不再修習任何其他教義。我要向我自己學習，做我自己的門生；我要我自己追求悉達多的秘密。

他向他周圍環顧了一下，好像有生以來第一次看到這個世界似的。這是一個美麗，奇妙，而又神秘的世界。這兒是藍色，這兒是黃色，這兒是綠色，天空與河流，林木與山岳，無不美麗，無不神秘而又迷人，而他悉達多，一個省悟了的人，就在這一切當中，一路走向他自己。所有這一切，所有這種黃色與藍色，河流與樹木，如今始行掠過悉達多的眼前。這已不再是魔羅④的法術，不再是幻妄⑤的面紗，不再是被非斥萬法而追求合一的婆羅門所輕視的那種毫無意義、生滅無常的世間萬象。山是山，水是水，而假如活在悉達多裏面的那個大一和神明亦秘密地活在山水之中的話，那只是因了這種神術和意願：那裏應有黃色和藍色，天空和林木——而這裏應有悉達多。意義和實相並非隱蔽在萬物的背後，而是就在萬法之中，就在一切萬法的裏面。

我一向耳聾眼花，真是太笨了，他在心裏想著，迅速地向前走着。不論任何人，讀他希望研究的東西，都不會輕視文字和標點符號，而稱之為虛妄，緣生，沒有價值的軀殼，他只是研讀它們，研究它們，愛惜它們，一字一句都不放過。但想讀世俗之書和自性之書的我，却假裝輕視文字和符號。我稱這個現象世界為虛妄。我稱我的眼睛和舌頭為緣生。而今，這一切都成過去了，我已覺悟了。我已真正覺悟了，因此只有今天才是誕生。

但當這些念頭掠過悉達多的心頭時，他忽然止步不前，好像有一條蛇橫在他的前面一樣。

就在這時，他也突然明白到：他，實際上既跟已經覺悟或剛剛新生的人一樣，就得徹底重新開始他的生活。那天早上，在他離開祇陀園林的時候，在他離開大覺世尊的當兒，他就已經覺悟了，他就已經踏上走向他自己的道路了，因此，對他而言，經過多年的苦修之後，返回故鄉，回到他父親的身旁，不但是他的意願，也是當然的歷程。然而此刻，在他好像遇見一條蛇一樣忽然止步立定的當兒，他又有了這樣一個念頭：我既已不再是從前的我，我既已不再是一個苦行僧，不再是一個傳教士，不再是一個婆羅門，那麼，我還在家裏跟父親一起幹什麼呢？研究？獻祭？還是打坐？所有這些，對我而言，如今皆已成為過去了。

悉達多定定地立着，一陣冰冷的寒意悄悄地掠過他的全身。他一旦明白到他是多麼地孤獨，就像一隻小動物一樣，就像一隻小鳥或兎子一樣，忽從內心之中起了一陣寒戰。他出家多年，從來不曾有過這種感覺。如今他實實在在地感到了。在此之前，就是在他進入甚深禪定的時候，他仍是他父親的兒子，仍是一個頗有地位的婆羅門，仍是一個虔誠的宗教徒。如今他只是悉達多，只是一個覺悟了的人；別的什麼也不是。他深深地吸了一個氣，打了一陣冷顫。沒有一個人像他這麼孤獨。他既不是貴族，不屬於任何貴族階級，也不是工人，不屬於任何工會，故而也不能到那個組織裏面尋求庇護，分享那個組織的生活，使用那個組織的語言。他既不是婆羅門，也就不能分享婆羅門的生活：他既不是苦行僧，也就不再屬於沙門了。就連住在深山深處的隱者，也不是單獨一人，仍然有他所屬的一羣。高閒達當了比丘，仍有數以千計的師兄師弟，穿着與他同樣的僧袍，共行他的信仰，同說他的語言。而他悉達多，究屬何處？他分享何人的生活？又說何人的語言？

就在此時，就在他周圍的世界融化而去之際，就在他像蒼天的一顆孤星遺世獨立的當兒，一陣冰冷的絕望之感懾住了他，雖然如此，但他却比以前更加確實地是他自己了。這是他的覺醒的最後冷顫，是他誕生的最後陣痛。於是他立卽再度繼續前進，並且開始等不及地快步向前直走，不再走向家園，不再走向他的父親，不再向後張望。⑥※

【譯註】

①因緣(causes)，原文為Hetupratyaya。解云：一物之生，親與強力者為因，疏添弱力者為緣。例如種子為因，雨露、農夫等為緣。此因緣和合而生穀。長水之楞嚴經疏一之上曰：「佛教因緣為宗，以佛聖教自淺至深，說一切法，不出因緣二字。」維摩經佛國品註：「什曰：力強為因，力弱為緣。肇曰：前後相生，因也；互相助成，緣也。諸法要因緣相假，然後成立。」又四緣之一，因卽緣之意。此非因與緣各別而論，親因卽名為緣。俱舍論七謂：「因緣者，五因之性。」六因中，除能作緣，餘五雖總為因緣，而唯識七唯名同類因為因緣。此詞名目繁多，除上述五因、六因、四緣、及十二因緣外，尚有因緣依，因緣性，因緣合成等，不一而足，皆屬之。茲略釋之，詳見佛學大辭典。五因者：以四大種為能造之因，以諸色法為所造之果，是為五因：一、生因：生四大種所生之色，名為生因；二、依因：造色生已，而隨逐

於大種，如弟子之依於師，故名依因；三、立因：任特四大種所造之色，如持壁畫，名為立因；四、持因：使所造之色相繼而不斷絕，名為持因；五、養因：增長四大種所造之色，名為養因。此五因於六因中，為能作因之所攝，於四緣中為因緣之所攝，見俱舍論七。又，一、生因：卽惑業也，眾生依惑業而生此身，名為生因；二、和合因：與善法、善心和合，與不善法、不善心和合，與無記法、無記心和合，故名和合因；三、住因：一切眾生依我癡、我見、我慢、我愛之四大煩惱而得住，如家屋之依柱而得住，故名住因；四、增長因：眾生依衣服、飲食等而長養其身，故名增長因；五、遠因：依父母之精血而生其身，如依憑國王而免盜賊之難，依呪力而脫傷害，是名遠因。見涅槃經二十一。六因者：凡有為法之生，必依因之與緣和合，論因體有六種。俱舍論六曰：「因有六種：一、能作因；二、俱有因；三、同類因；四、相應因；五、遍行因；六、異熟因。」舊譯智度論三十二，稱為：相應因（相應因），共生因（俱有因），自種因（同類因），遍因（偏行因），報因（異熟因），無障因（能體因）。四緣者：舊譯曰：因緣，次第緣，緣緣，增上緣；新譯曰：因緣，等無間緣，所緣緣，增上緣。一、因緣：謂六根為因，六塵為緣也，如眼根對於色塵時，識卽隨生，餘根亦然，是名因緣；二、次第緣：謂心、心所法，次第無間，相續而起，名次第緣；三、緣緣：謂心、心所法，由託緣而生起，是自心之所緣慮，名為緣緣；四、增上緣：謂六根能照境發識，有增上力用，諸法生時，不生障礙，名增上緣。見大明法數十五，又見於智度論，唯識論，大乘義章等。因緣依者：謂一切法發生所親依者，唯識論規定諸心、心所為有所依之法，舉三種所依，此卽其中之一也。對於增上緣依及等無間依而言，謂一切諸法各自之種子也。一切有為法，皆依各自之種子而生起，若離種子之因緣，則決無生者。斯一切種子，為諸法之原因，又為諸法依生之所依法，故名之曰因緣依。成唯識論四所謂：「諸心、心所，皆有所依，然彼所依，總有三種：一、因緣依，謂自種子，諸有為法，皆託此依，離自因緣，必不生故。」因緣性者：為諸法生起原因，又為依託之性也。四緣性之一，大乘，小乘，其解不同。一、小乘於諸法之原因六因中，除能作因外，餘五因為因緣性。如此因緣因，義既通於六因中五因，故其義頗廣，且舉一例：如眼識之起，以有發識取境之眼根為因，所對之色境為緣而生，故眼根與色境為眼識生起，有為因緣之性云。二、大乘於六因中唯以同類為因緣之性，餘五因總為增上緣之性。詳言之，則同類因通於因緣性與增上緣性，餘五因唯為增上緣之性。同類因為引生等流果之原因，又名自種因，卽過去之善法，於現在之善法為因，現在之善法，於未來之善法為因，惡法、無記法亦然。如此諸法之親因緣種子，為因緣因，又薰生此種子之現行法，為種子之因緣性，更生後自類種子之前念種子，為後起種子之因緣性，畢竟離為為諸法原因之種子，不可立因緣性也。因緣合成者，謂世間森羅萬象，必自因（親因）與緣（助緣）和合而成，此二者相合而生結果，謂之因緣合成。十二因緣及其觀法，本書第三章「大覺世尊」譯註④下已有略釋，可參閱。

② 瑜珈吠陀(Yoga-Veda)，此詞不見於一般印度聖典中，不知是否為夜柔吠陀(Yajur-veda)之異譯待考或瑜珈經(Yoga-Sutra)之誤寫。參見本書第一章「梵志之子」譯註⑥所列各條。

③ 阿達婆吠陀(Atharva-Veda)，意為「禳災明論」，參見本書第一章「梵志之子」譯註⑥。

④ 魔羅(Mara)，亦譯「麼羅」，略云「魔」，意為「能奪命」，「障礙」，「擾亂」，「破壞」等，惱害人命、障礙人之善事者。欲界之第六天主為魔王(又名波旬)，其眷屬為魔民，魔人，舊譯之經論作「磨」，梁武帝改作「魔」字，其轉義有「四魔」、「八魔」、「十魔」等分別，並有「治魔法」以對治之。四魔者：一、煩惱魔：貪、嗔、癡、慢、疑等煩惱，能惱害身心，故名為魔；二、陰魔，又云五眾魔，新譯云蘊魔：色、受、想、行、識等五陰或五蘊，能生種種之苦惱，故名為魔；三、死魔：死能斷人之命根，故名為魔；四、他化自在天子魔，新譯云自在天魔，欲界第六天之魔王，簡稱天魔，能害人之善事，故名為魔。此中第四為魔之本法，其他三魔皆類從而稱魔也。詳見智度論五，義林章六。八魔者：以上四魔加無常，無樂，無我，無淨之四，是為八魔。以前四為凡夫之魔，後四為二乘之魔也。涅槃經二十二曰：「八魔者，所謂四魔，(加)無常，無樂，無我，無淨。」十魔者：一、蘊魔：色等五蘊，為眾惡之淵藪，障蔽正道，害慧命者；二、煩惱魔：貪等煩惱，迷惑事理，障蔽正道，害慧命者；三、業魔：殺等惡業，障蔽正道，害慧命者；四、心魔：我慢之心，障蔽正道，害慧命者；五、死魔：人之壽命有限，不利修道，害慧命者；六、天魔：欲界第六天主作種種之障礙，

害人之修道者；七、善根魔：執著自身所得之善根，不更增修，障蔽正道，害慧命者；八、三昧魔：三昧者，禪定也，躭著於自身所得之禪定，不求昇進，障蔽正道，害慧命者；九、善知識魔：慳吝於法，不能開導人，障蔽正道，害慧命者；十、菩提法智魔：於菩提法起智執著，障蔽正道，害慧命者。見華嚴疏鈔二十九。止觀八曰：「魔病者與鬼亦不異，鬼但病身殺身，魔則破觀心，破法身慧命，起邪念想，奪人功德，與鬼無異。」欲治魔障者，或念三歸五戒等，或誦般若經、菩薩戒本等，及大乘方等經所說之治魔咒，見小止觀、起信疏等，又以念佛治之，見止觀九之一。

⑤ 幻妄(Maya)意為迷妄，簡稱幻，虛妄不實之謂，如幻想，幻覺，幻現，幻化，幻象，是也。

⑥ 此處所說之「悟」，恐仍係「理悟」，或「小悟」，乃至「自以為悟」，而非「澈悟」或「大悟」，姑且譯之為「省悟」，其間層次，讀者看完全書，當有所曉。

※ 此非「譯註」，而是「添足」：一般讀者讀到這裏，跟高聞達一樣，對於悉達多之斷然辭別、而不皈依佛陀一點，難免有些疑惑不解：他既對高聞達說佛陀的言教無懈可擊(「叫我怎能挑出它的缺陷？」)，又對佛陀說「我親眼目睹了一位真正的聖人」，而且，對世尊的儀態又讚佩得五體投地並願自己亦有那樣的風采，為什麼又要離開佛陀和他那已經皈依的好友呢？不錯，他見佛陀時曾說世尊的言教有個「裂縫」或「破綻」，但那也語焉不詳，似鬪機鋒。關於此點，悉達多雖然曾經一再暗示和明說(例如，先在高聞達皈依佛陀後說道：「高聞達，我

的朋友，你已跨進了一步（只跨了一步），你已選擇了你的道路（聲聞之道）。高聞達，你一直做我的朋友，一直跟在我的後頭（跟人脚跟轉）。我常在心裏想：難道高聞達不能自肯承當（埋沒己靈）？沒有我就寸步難行了（亦步亦趨）麼？現在你已是一個男子漢（仍未）了，並且已經選擇你自己的道路（小道），（可惜換湯不換藥：離了形影不離的好友，趨赴崇高遙遠的世尊；不做悉達多的影子，卻成了佛陀的影子）」……。繼而他對世尊說，「……您是以您自己的努力，以您自己的辦法，利用思維，運用禪定，透過知識，經由覺悟達到這個目的。您沒有從言教上學到任何東西，因此，世尊，我認為沒有人可從言教上得到解脫。世尊，您無法用語言和言教將您在開悟那個時候所體驗到的一切傳授於人。」又說：「大覺世尊的教言裏面含容很多東西，教導很多事情——例如怎樣過正直的生活，如何避惡向善，等等。但有一樣東西，不在這種明白有用的教誨之中；世尊在成千累萬的婆羅門中獨自證悟到的那個秘密，不在這種言句裏面。」又說，「這就是我為什麼要繼續走我的道路，不再尋求其他更好教義的原因，因為我已知道，此外沒容更好的辦法——只有拋開一切言教，離開一切導師，自力達到目標，要不就是死掉！」但是，高聞達和一般讀者仍然不知所云（被自己的見解障了眼睛。正是作者的手眼到處）。以信為重的佛弟子也許要氣憤地說：「你這個梵志外道（佛徒對婆羅門僧人的通稱），真是豈有此理！自以為了不起，敢跟世尊比肩！」或者：「你這個偽君子，口是心非！既然口口聲聲稱讚佛陀，為什麼還不快快皈依？」甚至：「可憐的外道青年，始終執迷不悟，見了真人當面錯過，只怪他佛緣淺薄了！」總之，說他無一是處！

然而，這正是作者的手眼（譯序裏曾經說他對中國的老莊頗為心儀，對於東方的禪道尤為感佩，並且可能有相當的見地和實際體驗，這裏得到了證明），若不如此，怎見出赫塞的高明和婆心懇切之處？關於此點，凡對禪籍有過涉獵或對禪境有過些許體驗的人都會知道，這是「禪門作略」，亦即勉人習禪的手段。作者既然是一位深通禪理的學者，「以文字作佛事」（某禪師讚東坡居士語。紫柏大師讚曰：「東坡老賊，以文字為綠林，出沒於峰前路口、荆棘叢中，窩弓藥箭，無處不藏，專候殺人（有偷心之人）：不貶眼索性漢，一觸其機，刀箭齊發，尸橫血濺，碧流成赤！」）——亦即以文學為手段作傳揚佛教、續佛慧命的事業，自然是理所當然的事。但他終是一位文學作家，不忘本分，只是以他所擅長的文體（東坡以詩詞，赫塞以小說）——作他「現身說法」的媒介——唯有如此，才能有「山窮水盡疑無路，柳暗花明又一村。」「初極狹，纔通人，復行數十步，豁然開朗……」的迴轉趣味（否則的話，頂多寫完前一部分，便難以為繼了），也才能將「逍遙法外」的遊子誘進門來——既不登壇說教，更不大寫禪學論文。唯以此處來說，雖不必大寫禪學論文，但偶爾引用一些專門術語，作為「標月之指」或「旅行地圖」，跟講經說法一樣，有時亦有它的功用。下面且試一試：

首先溫習話頭：悉達多（小釋迦）對於大覺世尊的言教和儀態佩服得五體投地，而他自己又是求道之人，既遇明師，為什麼還不皈依？為什麼還要「背父浪遊？」因為，第一，他對教理已有相當認識（至少是自以為如此）；其次，他已體會到（如前所引）最高的境界，是實證問題，不能從別人口裏或書上求得。這便是禪宗祖師苦口婆心，有時為了激發執滯言教、以言教為真理本身的學者，甚至不惜訶佛罵祖（「佛是老臊胡，經是拭瘡疣紙」等等，不勝枚舉）的原因，同時也是禪宗的眼目「直指人心，見性成佛」的所在；以「本分」為人的禪師見學者來說道理，不是棒喝齊施，就是說：「學我者死！」「好兒不使爺錢！」「為人自肯乃方親！」「從門入者，不是家珍！」「一念回光，使同本得！」——「別人替你不得！」「無佛處不得住，有佛處急走過！」「還知大唐國內無禪師麼？」「須知別有生路始得！」等等破執之言，舉不勝舉；而自知「本分」的學者，一聽老師說法開示，不是掩耳而走，就是說：「不向如來行處行！」「寧可永劫受沉淪，不從諸聖求解脫！」或者，有人問起師承問題時則說：「某甲不學先師不得？」這一類自見自性、自證自得的詩、詞、歌、賦，更是多得不勝枚舉，外人看來，也許是背佛叛陀的大逆不道哩！殊不知這才是真正「紹隆佛種」、「傳佛心燈」、「續命慧命」、「荷擔如來家業」的大孝子、「方成父子之情」（佛與弟子之間的關係，往往以「父子」喻之）！才是大忠大仁、「移大忠作大孝」的真正模樣！），西遊記一部大書，寫唐僧到西天求經，有一偈提醒讀者云：「佛在靈山莫遠求，靈山只在汝心頭；人人有個靈山塔，好在靈山塔下修！」）有月鑑居士，先學道家，後參禪有悟，著「般若心經最上一乘心印」，開宗第一章，以客問：「然則經疏所云耳根聞教，誤聖？」立卽答云：「彼雖不誤，於汝亦誤，況佛經註解，多半出於聲聞人之手？是以，執名滯相，心外有佛，心外有法，說道說理，究玄探妙，足以怡人心目而愈深其業識也。若不契心（自契本心）而契經（下矣！）不契經而契註（更下矣！）則亦終於聲聞而已矣！是以達摩祖師云：『諸佛法印，匪從（他）人得！』溈山禪師云：『我說是我底，終不甘汝事！』臨濟禪師云：『山僧無一法與人，祇是治病解縛！你取山僧口裏語，不如休息無事去！』又云：『一念緣起無生，超出三乘權學！』大慧禪師云：『此事決定不在言語上。所以從上諸聖，次第出世，各各以善巧方便，忉忉怛怛，唯恐人泥在語言上。若在語言上，一大藏教，五千四十八卷，說權說實，說有說無，說頓說漸，豈是無言說？因什麼達摩西來，却言單傳心印，不立文字語言，直指人心、見性成佛？因何不說傳玄傳妙、傳言傳語？只要當人各各直下明自本心、見自佛性！事不獲已，說個心，說個性，已是大段狼藉了也！若要拔得生死根株盡，切不得記我說底！縱饒念得一大藏教，如瓶瀉水，喚作運糞入，不名運糞出！却被這些字障却，自己正知見不得現前；自己神通，不能發現！只管弄目前光影，理會禪，理會道，理會心，理會性，理會奇特，理會玄妙——大似掉棒打月，枉費心神！如來說為可憐憫者！你不能一念緣起無生，只管一向在心意識邊作活計（揣摩推測），才見宗師動口，便向宗師口裏討玄索妙！却被宗師倒翻筋斗！自家本命元辰，依舊不知落處！脚跟下黑漫漫，依前只是個漆桶！』」

那麼，照此說來，佛說經論教義完全可以燒了（確是有人這麼做過，不過很少）？這是習禪者最忌諱的話，叫做「徐方擔板，祇見一邊」之見！有人說讀經可以悟道（確是有過，只是不多），便只管粘在經論上面（這叫做「只管數他寶，自無半文錢！」）有人說讀經無益（如上所引），便完全撇在一邊（這叫做「貪看天上月，失却手中橈！」）——都是要挨棒喝的偏執之言：對於執滯經論而忘記「本分」的人來說，說「三藏十二分教（經典）是拭瘡疣紙」，是「鬼神簿」，是「繫驢橛」，絕對沒錯；對於善用經論而不忘「本分」的人來說，說「修多羅」（經典）如標月指」，是「旅遊指南」，是「解脫藥」，亦未嘗不是，要在當人有眼，不被經論遮住牽着鼻子走。古云：「須讀活句，不可讀死句！」（古人有感於此，故將自己的著作稱為雜毒人心的「爛葛藤」，「臭皮襪」，「塗毒鼓」，「鴆羽集」，「雜毒海」，恐人泥著也。）否則的話，便是聰明（小聰明）反被聰明誤了。因此，佛陀聽了悉達多那一番似是機鋒的排斥言教之後對他說道：「沙門啊，你很聰明。你知道怎樣聰明地交談。」又說，「但是，我的朋友，謹慎小心些，不要聰明過度了！」這便是作者「有眼」的地方，只因他是一位不忘本分的文學作家，祇是非常含蓄地點了一下，沒有像上面所引的一樣，說上一大堆爛道理，否則的話，他不但不成其為一位文學作家，同時也要像上面所引的一樣要吃棒喝了，而他的作品也就沒人要讀了！而上面所做的「添足」，更是「畫虎類犬」了，對於原作的純潔性而言，真是其醜無比的汚染和扭曲哩！（古人比喻此種情況說：「好一釜羹，被一粒鼠屎汚却！」）更要吃上一頓痛棒，趕出門去！

總而言之，其所以有排斥經教和導師的傾向(並非絕對排斥)，乃因禪悟的境界必須全身透入，當下直接體驗，而非邏輯推理所可間接觸及也。有留美學人某某某（姑隱其名）博士者，妙人也，在中國時報撰文縱論禪宗真髓，將鈴木大拙在其英文禪學著作中析論此點所用的「非邏輯」(illogical)與「非理性」(irrational)兩詞譯作「反邏輯」與「反理性」，而大做文章，褒褒貶貶，洋洋灑灑，作成一篇連載四天的宏文(後來還被「宗教哲學」等刊物轉載)，真是不可思議！鈴木地下有知，或會搖頭大歎：「寃哉！枉哉！『反』邏輯，『反』理性，豈是我意哉！」

下、第二部分

青樓艷妓

悉

達多一路向前走著，可說步步都學到一些新的東西，因為這個世界不但已經變了，而他對它也能透入了。他看到太陽在森林和山嶽的上面昇起，而後在遠方的棕櫚岸上降落。到了夜晚，他看到星星在長空中閃爍，而新月形的月亮則像一葉輕舟似地在碧藍之中浮泛。他看到樹木，繁星，動物，雲霞，彩虹，巖石，野草，閑花，小溪與江河，清晨在灌木叢中發亮的露珠兒，遠方含翠映碧的高山；鳥兒歌唱，蜂兒嚶嚶，和風輕輕吹過稻田。所有這一切五光十色、變化多端的森羅萬象，一向都這樣展示著；太陽和月亮一向都這樣照耀著；江河一向都這樣奔流著；蜜蜂一向也這樣嚶嚶著，但在此之前，所有這一切，對悉達多而言，只不過是掠過眼前的無常幻影而已，皆被他以不信的眼光看走了，皆被他以不屑的心情貶斥了，皆被逐出了他的思想境域，只因為他一向認為那不是永恒的實相，只因為他一向認為實相不在可見的形象這邊。但是，如今他的目光在這邊流連了；而今他不但看到、而且看清這種可見的形象了，而且在尋求他在這個人間的地位了。他不再追求實相了；他的目標已不在那邊了。以如此單純的赤子之心看待這個世界而不作任何有意識的追尋，這個世界便是美好的了。月亮和星星是美好的，小溪，河岸，森林與巖石，山羊與金甲蟲，花草和蝴蝶，無不美好。只要如此赤誠，如此覺悟，如此直接而無任何疑慮的心情閱歷這個世界，它就不但美好，而且宜人了。否則的話，有的地方，太陽灼熱地燃燒，有的地方，林蔭之中涼快清爽；有的地方，有的是南瓜和香蕉。晝和夜都很短促，每一個時辰都過得很快，好似海上的一片輕帆，儘管其下所載的是一船的寶貝，滿艙的歡樂。悉達多看到森林深處有一羣猴子在高高的枝椏之間活動，聽到它們發出一聲聲狂熱的叫喚。他看到一隻公羊在追逐一隻母羊，而後交配。在一面長著蘭草的湖中，他看到一條梭魚在追逐它的晚餐，而一羣羣小魚則倉皇亂跳，發出閃閃的銀光，避之唯恐不及。由這個惱怒的追逐者所激起的快速漩渦，反映了它的力量和意欲。

所有這一切一向如此，只是他一向視而不見；他總是心不在焉。而今，他既心有所屬，也就與之不相分離了。他由他的眼睛目覩了光與影；他由他的心靈知曉了月亮和星星。

一路上，悉達多憶起了他在祇陀園林裡所體驗到的一切，記起了聖潔的佛陀對他親口言宣的教示，想起了他的告別高聞達和與大覺世尊的對白。他想起了他對世尊所說的每一句話，而訝異地發現他居然說了他那時並未真知的東西。他對佛陀所說：佛的智慧與境界不可測度，難以言傳，而他曾於某個省悟時辰證得的那種境界，正是他現在就要經驗的東西，正是他此刻開始體悟的東西。他必須親身體驗一番才行。他早就知道他的自我就是神我，與大梵的永恒之性殊無差異，但他之所以一直沒有真正找到他的自我，就因為他要以思想的網兒撈捕它。形體當然不是自我，感覺作用也不是，思維、理解也都不是，後天習得的知識或技藝更加不是，因為這些只可用來歸納結論，並從舊有的思想編織新的思想而已。這些都不是，這個思想的世界仍然未出此岸，因此，就算你摧毀了這個偶然自我的感覺，也不會達到所求的目標，只不過是以思想和學識將它餵飽而已。思想和感覺兩者都是微妙的東西，究極的意義就潛藏在它倆的背面；此二者都值得諦聽，值得玩味，既不高估，亦不輕視，只是凝神諦聽兩者的聲音。他只要努力追求這個內在聲音要他追求的東西，絕不滯於任何處所——除了這個聲音勸勉他去的地方。瞿曇佛陀為什麼要在大悟的前夕端坐於那棵菩提樹下？因為他聽到了一個聲音，因為那個聲音在他自己心中要他到這棵樹下宴坐，而他既沒有藉助於苦行，獻供，沐浴，或者祈禱，也沒藉助於飲食，睡眠，或者夢想；他只是聆聽了那個聲音，只是諦聽那個聲音，並準備服從它的勸勉，而不服從任何外來的命令——這是好事，這是必信必從的事。其他的一切皆無必要，皆屬多餘。

這天夜裏，悉達多睡在一位擺渡人的茅舍之中，做了一個夢。他夢見高聞達穿著一身苦行僧的黃袍，站在他的面前，悽然地問道：「悉達多，你為什麼離開我？」他看出是高聞達，立即展開兩臂擁抱他，但當他將高聞達拉近自己的胸前吻他時，忽然發現高聞達已不再是高聞達，而是一個女人，而這位女人的袍子裏面竟露出一隻豐滿的乳房，悉達多則躺在那裏喝奶，他感到來自這隻乳房的奶味頗佳，甜美而又濃郁。這奶既有女人和男人的味道，更有太陽和森林的氣息，動物和花草的氣味，每一種水果以及每一種歡樂的滋味。它真是令人陶醉。悉達多一夢醒來，只見那條蒼茫的河川帶著隱約的閃光流過茅舍的門前，而森林的當中則傳來一陣貓頭鷹的鳴聲，顯得深沉而又清晰。

到了這天的日子展開之時，悉達多便請擺渡人將他渡到彼岸。擺渡人將他引上他的竹筏，開始渡河。寬闊的河面映閃著淡紅色的晨霞。

「這是一條美麗的河，」悉達多對擺渡人說道。

「對，」擺渡人應道，「這是一條美麗的河。我很愛它，勝於一切。我經常諦聽它，凝視它，總是跟它學到一些東西。一個人可以跟河學的東西多得很。」

「謝謝你了，好心的人，」悉達多一經登上彼岸，便向擺渡人說道。「我想我既沒有禮物可以奉贈，也沒有渡資可以繳付了。我是個出家之人，原本是個梵志之子，如今做了苦行沙門。」

「這點我可以看出，」擺渡人答道，「因此，我既沒有指望你送我禮品，也沒有指望你給我渡資。下次再給好了。」

「你認為會有下次嗎？」悉達多高興地問道。

「當然了。這也是我跟這條河學來的；事事物物，莫不皆有回轉的時候。你這位沙門也不例外，也有轉回的時候。後會有期，願你以友誼作為給我的渡資！希望你在向諸神獻供的時候想到我！」

他倆微笑著互說再見。悉達多對於這位擺渡人所表示的友好感到非常開心。他在心裏想道：他跟高聞達一樣，不禁暗自笑了起來。我在路上所遇到的人，個個都跟高聞達一般。每一個人都有感恩之心，而該受感謝的却是他們本身。每一個人都很謙遜，都很樂於助人，都願做我的朋友，有求必應而無有求之想。人人皆有赤子之心。

到了晌午時分，他經過一座村落。孩子們在巷子裏的泥屋前面溜來溜去。他們在以南瓜核子和貽貝殼子作賭。他們互相叫罵，且彼此扭打，但一見這個陌生的沙門來到，便都怯怯地跑了開去。到了村子的盡頭，便有一條小徑沿溪而行，而溪水的旁邊則有一位年輕的少婦跪在那裏洗滌衣裳。悉達多向她打了一個招呼，她便抬起頭來帶著微笑向他瞄了一眼。他以行人之間常行的習慣向她祝福，而後問她此去城市的路尚有多遠。她立即起身向他走來，一雙濕潤的雙唇在那副青春的臉上發著誘人的光澤。她嗲聲軟語地跟他交談起來，問他有沒有吃過中飯，沙門夜裏是否真的在林中獨宿而不許與女人共眠。接著，她將她的左脚踏在他的右脚上面，擺出一副勾引男人尋歡作樂的姿態，亦即聖書上所謂的誘引男人「上樹」的神態。悉達多感到他的血液沸騰起來了，而當他此時再度看出他的夢境時，他微微向那個女的傾身過去，吻了她那隻褐色的奶頭。他仰頭看去，只見她面帶微笑，一臉騷勁，而她那雙半開的眼睛更是充滿了渴慾的祈求。

悉達多也感到了一陣渴求和性的衝動；但由於他從未碰過女人，因而猶豫了一下，將要伸出抓她的手縮了回來。因為，就在這一念之間，他聽到了他那內在的聲音喝道：「不可以！」於是這整個幻術便從這位少婦的笑臉上面消失不見了。他輕輕摸了摸她的面孔，立即轉身鑽進竹林之中，離開了那個失望的婦人。

他在天黑之前到達了一座大城，心裏感到非常高興，因為他正有了一種與人廝混的慾望。他在林中已經住了很久一段時間，他昨天過夜所住的那間渡口茅屋，只是他長久以來所住的第一個有屋頂的居處。

這位行脚的沙門，在市郊一座未設圍欄的林園旁邊，遇見了一羣携箱肩籠的男女僕人。在這羣男女的前呼後擁之下，在一隻由四名男人抬著的華麗肩輿上面有一個女人——他們的女主人，坐在一些上有七彩頂篷的紅色座墊之上。悉達多不聲不響地站在這座林園的入口旁邊，靜靜地瞧著這個由男僕、女傭、以及箱籠所組成的行列。他目不轉睛地注視那隻肩輿和坐在其中的那位女士。在一片挽起的黑髮之下，有一副非常明媚、非常甜美、十分聰慧的面龐；一張鮮紅的小口，好似剛剛切開的無花果一般；一雙柔美的眉毛，描成彎彎的弧狀；一對烏溜溜的眼睛，顯出聰明而又機靈的模樣；以及一隻明晰而又細長的頸子，伸出在她那身翠金的長袍之上。她的兩手頗為修長，看來堅定有力，光滑而又柔嫩，腕間戴著一副寬闊的金色手鐲。

悉達多目覩如此美麗的艷婦，內心感到一陣莫名的欣喜。他在這隻肩輿從他面前經過的當兒深深鞠了一躬，隨即抬起頭來注視那副嬌美的面孔，並在一刹那間，透入那雙弧狀的秀目，吸入了一種他從未聞過的香水的芬芳。在那一刹那間，這位美婦人微微點了點頭，並隱約地微笑了一下，接著，便在她的僕從簇擁之下進入園中而消失不見了。

如此看來，悉達多心下想道，我是在福星高照之下來到此城了。他感到一陣衝動，禁不住要立即跟上前去，但他沉吟了一下，覺得未免有欠妥當，因為他忽然想到那些男女僕從瞥視他的眼神顯得多麼不屑，多麼嫉妒，多麼絕情！

我仍是一個沙門，他在心裏想，仍是一個苦行僧，仍是一個乞者。我不能這樣下去；我不能以這副模樣進入園中。想到這裡，他不禁笑了起來。

他向他碰到的第一個人探問那個女人名叫什麼，結果得知她是名妓渴慕樂①，除了擁有這座林園之外，城裏還有一幢住宅。

於是他進入城中。他只有一個目標。為了達到這個目標，於是四下巡察這個城市，他在迷宮樣的大街小巷之間鑽來鑽去，到處止步觀望一下，而後坐下在通往河邊的石階上面休息。到了黃昏時分，他與理髮師的一個助手搭上了關係，他曾看到他在拱門的蔭涼下面工作。之後又看到他在毘紐②神廟裏面祈禱，並在廟裏聽他講述毘紐天神和吉祥天女③的故事。到了夜裏，他睡在那裏河上的一艘小船之中，而到了次日清晨，在第一批顧客來到理髮舖之前，他就要理髮師的助手將他的鬍子刮掉，並在他的頭髮上面抹了一些香油。然後便到河中沐浴，洗了一次澡。

薄暮時分，當美麗的渴慕樂坐著她的肩輿來到她的林園時，悉達多已在那座園子的門口等著她了。他向這位妓兒鞠躬行禮，也得到了她的回敬。他向走在行列末尾的一個僕人招手示意，要他向他的女主人通報：有一位婆羅門青年渴望與她交談。隔了一會，那位僕人走了回來，要悉達多跟著他走，不聲不響地將他引入一座天篷之中，接著便轉身走了開去，而美麗的渴慕樂已躺在篷下的一張臥榻之上了。

「你昨天不是在外面向我敬禮的嗎？」渴慕樂問道。

「一點不錯，我昨天看到你時曾向妳敬禮。」

「但你昨天不是有一臉鬍子和一頭長髮，而且髮上滿是灰塵的嗎？」

「你的眼睛真是厲害，可說看得巨細靡遺。你看到的是婆羅門之子悉達多，他為了入山苦修而出家，結果做了三年的苦行沙門。不過現在我已離開那條道路而來到了這個城市，而我在入城之前遇到的第一個人就是你。啊，渴慕樂，我來這裏是要向你報告：你是悉達多不敢舉目相看的第一個女人。從此以後，我遇到任何漂亮女人，再也不會不敢舉目相視了。」

渴慕樂聽了頗為高興，微笑著擺弄手中的孔雀羽扇，問道：「悉達多來到這裏就是要對我說這些嗎？」

「我來這裏就是要向你說這些，同時也要大大感謝你，因為你長得太美了。並且，渴慕樂，假如不太拂逆尊意的話，我還要要求你做我的朋友兼老師，因為我對你所拿手的藝術還一竅不通哩。」

渴慕樂聽了這話，禁不住縱聲大笑起來。

「從沒見過一個苦行沙門從森林裏面到這裏來拜我為師。從沒見過一個滿頭長髮的苦行沙門圍著一條破舊的腰布來我這裏。到我這裏來的不但多是青年人——其中不乏婆羅門的子弟——而且都穿著上好的衣裝，上好的鞋子；並且，他們的頭髮上面還散發著髮油的芳香，荷包裏面都攜帶著金錢。啊，沙門，那些青年人都這樣裝扮著來我這裏。」

悉達多說道：「我已在開始向你領教了。昨天我就已經學到一些東西了。我已經刮掉了我的鬍子，梳洗了我的頭髮，並且還搽了一些香油。我的女士閣下，所缺實在並不很多，只不過是上好衣服，漂亮鞋子，跟荷包充實而已。這些都是微不足道的小事，悉達多完成過比這要困難多多的事兒。我沒有理由不能達到我昨天決定達到的目標——做你的朋友，向你求教愛的藝術。渴慕樂，你會發現我是一個可教的英才。比你要教我的課程，我曾學過更為難學的東西。如此說來，對你而言，悉達多除了頭上搽油還不夠格，只是欠缺衣裝，欠缺鞋子，欠缺金錢而已！」

渴慕樂笑著說道：「不錯，他還不夠格。他不但要有衣服，而且要有上好的衣服；不但要有鞋子，而且要有漂亮的鞋子；不但要有金錢，而且要有很多的金錢；並且，還要送些禮物給渴慕樂——這才像話。你這來自林野的沙門，知道麼？明白麼？」

「非常明白！」悉達多叫道。「出自這樣一張美麗嘴巴的話，我怎會不明白？渴慕樂，你的嘴巴像一枚剛剛剖開的無花果。我的雙唇也還鮮紅，一定可以配你的，不久你就會看出。不過，美麗的渴慕樂，我問你：你對一個從林野來學愛藝的沙門，難道一點都不害怕麼？」

「一個來自叢莽，原與虎狼為伍，對於女人毫無所知的愚笨沙門，有什麼好怕的！」

「哦，這個沙門不但非常兇悍，而且毫不懼怕哩！美麗的女士，他會逼迫你，他會打劫你，他會傷害你唷！」

「啊，沙門，我才不怕這些！你有沒有聽說過一個沙門或婆羅門怕人家會來襲擊他？怕人家會來打刼他的知識？搶去他的虔誠？奪走他那深思冥想的本事？沒有。為什麼？因為，所有這些東西完全屬於他自己，因此，只有他願意傳授的人才可以得到，而這完全要看他是否願意而定。對於渴慕樂，對於愛的快樂，也是這樣。渴慕樂的雙唇確是漂亮，可愛，但假如你要違反渴慕樂的意願去親它們的話，那你一點甜頭也不會嘗到——雖然，它們非常善於施與甜蜜。悉達多，孺子可教，你是一個善體人意的學子，那就也來求求這門學問吧。一個人可以在街上乞求，購買，以及受贈而得愛情，但永遠偷它不到。不要誤會。對了，像你這樣一個優秀的青年，如果發生誤會，那就非常可惜了。」

悉達多欠身微笑說道：「你說得很對，渴慕樂，發生那樣的誤解，確是可惜，非常可惜！你的雙唇絕對不會失去一滴甜蜜，一滴也不會，我的亦然。那麼，悉達多一旦具備了他所缺少的資格——衣服，鞋子，金錢——就再來拜見了。不過，聰慧的渴慕樂，請問你：可不可以給我一點點兒指示？」

「指示嗎？有何不可！對於一個貧窮無知，來自山野狼羣的苦行沙門，有誰不願提供一些指示？」

「那麼，親愛的渴慕樂，我要盡快地求得這三樣東西，請問我該到哪裡去求才好呢？」

「我的朋友，想要知道這點的人很多。你只有以你所會的專長去做事賺錢，拿錢去買衣服和鞋子。一個窮人，只有如此，否則是得不到錢的。」

「我會思索，我會等待，我會斷食——這是我的專長。」

「別無長處了？」

「別無長處了。啊，對了，我會做詩。我獻給你一首詩，你賜給我一個吻，如何？」

「可以，但你的詩要合我的意才行。你的詩怎麼說？」

悉達多略一思索，即席吟道：

有美人兮渴慕樂，
翩翩來到林園角。

黑沙門兮悉達多，
驚見青蓮把揖作！
笑可掬兮渴慕樂，
青年沙門心思索：
與其獻供於諸神，
不如獻身渴慕樂！

渴慕樂聽了不禁猛然鼓掌，連兩隻手上的金鐲也都叮噹作響起來。「啊，黑沙門，你的詩做得可真不賴，我給你一吻作為代價也真沒有什麼損失。」

她用她的眉目將他吸近她。他將他的面孔對著她的面孔，將他的口唇貼著她的口唇——像是剛剛剖開的無花果的濕潤紅唇。渴慕樂給了他一個深深的親吻，使得悉達多大感意外的是，在這一吻中，他感到她教給他好多東西，感到她是多麼聰明，感到她怎樣主宰著他，怎樣拒斥著他，怎樣誘惑著他，因而使他明白，在這個長長的深吻之後，還有一連串與此完全不同的熱吻在等待著他。他呆呆地佇立著，深深現身說法。

地喘息著。當此之時，他像個無知的小孩一般，驚異於此種圓熟的學識在他的眼前

「你的詩寫得很好，」渴慕樂說道，「假如我是個富婆的話，我會因此賞你一些錢。不過，要想靠寫詩賺到你所需要的錢，那將很難。因為，你所需要的錢將會很多——假如你要做渴慕樂的朋友的話。」

「渴慕樂，你實在太會接吻了！」悉達多愣愣地說道。

「對，一點也不錯，這就是我所以不缺衣服，鞋子，鐲子，以及其他各式各樣美好事物的原因。可是我要問你：你將做些什麼呢？你除了思索，斷食，以及作詩之外，難道別的什麼都不會做了嗎？」

「我也會唱祭詞，」悉達多答道，「不過，我已不再唱那些了。此外，我也會唸咒，不過我也不再唸這些了。我曾讀過經書……」

「等一下，」渴慕樂插口說道，「你會讀會寫麼？」

「當然會了。會讀會寫的人多的是。」

「並不很多。我就不會。你會讀會寫，實在太好了，太好了。甚至於你也許用得著咒文。」

說到這裏，忽有一個僕人進來，在他的女主人耳旁悄聲了一些什麼。

「我有客來，」渴慕樂說道。「悉達多，趕快走開，不要讓人看到你曾來這裏。明天我會再跟你見面的。」

然而，她却令那位僕人拿一件白袍子給這位神聖的婆羅門。悉達多不知道發生了什麼事，只得跟著那個僕人走開，在那個僕人引導下走過一條迂迴曲折的小徑，來到園中的一座小屋裏面，接過那件袍子，進入濃密的亂林之中，而後聽受明白指示：盡快離開林園，不要讓人看到！

他心甘情願的奉令而行。慣於林居生活的他，輕悄地走出了林園，越過了樹籬。他心滿意足地返回城市，腋下夾著那件捲起的長袍。他站在一家旅客聚會的客店門前不吭不響地乞食，不吭不響地接受了一塊米糕。他在心裏想：到了明天，也許就不必乞食了。

他忽然被一陣自負之感所奪：他已不再是一個苦行沙門了，因此，對他而言，行乞也就不再合適了。他將那塊米糕給了一條狗，因而粒米未進。

悉達多心想，在這兒過活非常簡單，可說毫無困難。我在山中修行的時候樣樣皆難，不但艱難，而且可厭，並且到了最後，簡直沒有指望。如今一切易如反掌，就跟渴慕樂所授的接吻課一樣，毫不費力。我需要衣服和金錢，不過如此而已。這些都是容易達到的目標，不會令人煩得難以入眠。

他早就打聽過了渴慕樂城中的住宅，因此，一到次日，他就逕往那裏拜訪了。

「事情進行得很順利，」她一見他來就打招呼說道。「渴慕斯華美④希望你去見他；他是本市最富有的殷商。你如討他歡喜，他就會錄用你。聰明些，黑沙門！我已透過關係人在他面前提過你的名字了。對他友好些，他很有勢力，但也別過於卑躬屈節。我不要你做他的奴僕；我要你跟他平起平坐，以平等待遇相處；否則的話，我會對你不悅。渴慕斯華美已經開始漸入老境，不免有些怠惰。只要你能得他歡心，他就會非常倚重你。」

悉達多向她致了謝，高興得大笑起來，而當她得知他這兩天尚未飲食時，就令僕人去取麵包和水菓來侍候他。

「你是好運當頭，」臨別時她對他說道，「一道道的幸運之門已經為你打開了。這是怎麼回事？你有法術？」

悉達多答道：「昨天我曾對你說過：我知道如何思索，等待，以及斷食，而你認為這些沒有用處；但你不久就會看出，用處大得很哩！渴慕樂，不久你將看出這個來自叢莽的愚笨沙門學了不少有用的東西。前天我還是一個蓬首垢面的乞丐；昨天我就吻了美麗的渴慕樂，不久我就成為一個商人，進而有錢有勢和你所珍視的那些東西。」

「非常順利，」她同意道，「但是，如果不是我渴慕樂，你將如何發跡？倘然不是渴慕樂助你一臂之力，你哪有今天？」

「親愛的渴慕樂，」悉達多答道，「當初我來到你的園中見你，我就踏出了第一步。那時我就拿定主意，要拜這位無與倫比的美人為師，討教有關情愛的種種學問。並且，在我下定這個決心的當兒我也知道：我將付諸行動。我知道你會助我一臂之力；我在你入園之初向我瞥視的當兒就已感到了此點。」

「假如我不想助你一臂之力呢？」

「但是你確有此意。聽吧，渴慕樂，你一旦將一粒石頭投入水中，它就以最快的方式沉入水底。同樣的，悉達多一旦有了一個目的，有了一個目標，他就會無為而為；他可以等待，可以思索，可以斷食，只管透過人間的事務，就像石頭穿過水中一樣，不用庸人自擾；他只要順應引力法則，讓它自動沉落即可。他只是讓他的目標吸引著他，因為他根本不容許與此目標背道而馳的東西進入他的心底。這就是悉達多從那些沙門學來的法術。愚人稱之為魔術，認為是由驅使魔鬼而成。魔鬼什麼也做不成，世上根本沒有這種東西。每一個人都可以行使魔術，每一個人都可以達到他的目標——只要他能思索，等待，以及斷食，就行。」

渴慕樂靜靜地聽他現身說法。她愛他的嗓音，她愛他的眼神。

「我的朋友，」渴慕樂輕柔地說道，「道理也許正如你所說的一樣，但那也許由於悉達多是個英俊男子的緣故，因為他的注視能得女人的歡喜，那是他的幸運之處。」

悉達多吻了她，向她告辭。「但願如此，我的老師。但願我的注視永遠使你歡喜，但願好運永遠因你而降臨於我！」

【譯　註】

① 渴慕樂(Kamala)，此字如果寫成Kāmalā，則讀「迦摩羅」或「迦末羅」，意為「黃疸」(jaundice)，在此似乎無甚關聯。作者用意，顯係取其前面兩個音節，亦即Kāma，含有「慾」(desire)，「愛」(love)，「意願」(wish)之意，又為「餓鬼」(a hungry spirit)之專稱，在此或取色慾之愛之意。後加la音，或求稍變，以免太顯，或作助語，以便稱呼，待考。此字與dhātu連用，則成「慾界」(Kāmadhātu)，讀作「迦摩馱都」，意為慾的境界(the redlm of desire)，感官滿足的世界(The realm of sensuous gratification)，包括我們這個世界與六慾天(This world and the six devalokas)，亦指慾的要素未能克制或消除的任何世界(any world in which the elements of desire have not been suppressed)，由上可知這個人物所代表的意義，譯作「渴慕樂」，取其音、義略相近似之處。唯識論五曰：「云何為欲？於所樂境希望為性，勤依為業。」雜阿含曰：「欲生諸煩惱，欲為生苦本。」故有「少欲知是」之戒。有「三欲」、「五欲」、「六欲」等等名目。「三欲」者：一、形貌欲；二、姿態欲；三、細觸欲。見涅槃經十二。「五欲」者：色、聲、香、味、觸是也。能起人之貪欲之心，故稱欲。「六欲」者：一、色欲；二、形貌欲；三、威儀姿態欲；四、言語音聲欲；五、細滑欲；六、人想欲，此六法能引起人之貪欲心，故稱欲，見智度論二十一。

② 毘瑟笯(Vishnu or Visnu)，亦譯「韋紐天」、「毘糅天」，「違紐天」，「徵瑟紐」，「毘紐天」，「毘瑟紐」、「毘搜紐」，「毘瘦紐」，「毘瑟怒」，為自在天或那羅延天之別名，有「無所不遍」及包容一切之意，在印度教的創造者梵王(Brahma)、保存者毘紐(Visnu)、及破壞者濕婆(Siva)三體(The Trimūrti)中為第二位。他的配偶是吉祥天女(見本章譯註③)。中國學者對他的描述是：於劫初出生於水，有一千個頭和兩千隻手；他的肚臍中出現一朵蓮花，而梵天則由此蓮花發展而成。

③ 吉祥天女(Laksmi or Sri)，亦稱功德天，音譯落吃澁弭，在印度的後期神話中，常被視為

掌運氣和美貌的女神，也是毘瑟紐天或那羅延天神的配偶，據說是出於海洋，因手持蓮花，故亦被稱為「蓮花」，更以種種方式與蓮花連在一起。據考，這位女神之所以與觀音菩薩有些混淆不清，可能係因人們將此印度女神的此一特性歸於觀音大士而起。

④ 渴慕斯華美(Kamaswami or Kamasvami)，此名係由「渴慕」，亦即「欲」(見本章譯註①)加「斯華美」，亦即「能夠控制心意和感官的人」，配合而成，其意可從這個中文譯名略窺一斑。

隨俗浮沉

悉

達多去拜見那位商人渴慕斯華美，被人引進一幢富麗的住宅。僕人領著他踏過一些貴重的地毯，將他帶進一個華麗的客廳，請他在那裏等候此宅的主人。

渴慕斯華美進來了，看來是一位謙和而又有活力的人，頭髮雖然已經有些斑白，但眼神仍然顯得相當精明而又謹愼，並且，他那一張嘴長得也很性感迷人。賓主互相問好，態度十分和善。

「有人對我說，」這位商人開口說道：「你是一位婆羅門，是一位有學問的人，但你要投效一位商人。那麼，婆羅門，向人找事做，表示你有所需了？」

「不然，」悉達多答道，「我並無所需，從來不缺什麼。我出身苦行沙門，與他們生活了一段很長的時間。」

「你既出身沙門，那怎能說你沒有所需呢？大凡沙門，豈非空無長物麼？」

「我是空無長物，」悉達多說道，「假如你的意思是指此點的話。我確是空無長物，但我有的是自由意志，因此我不缺什麼。」

「不過，你既空無長物，那你如何生活呢？」

「先生，關於此點，我從來沒有想過。我空無長物活了將近三年的時光，從來沒有想過我靠什麼生活。」

「如此說來，你是依靠他人的財物為生了？」

「顯然如此。商人亦靠他人的財物為生。」

「說得好，但商人不會白取，他有貨物作為交易。」

「世事似乎如此。各有所取，各有所予。人生就是這樣。」

「啊，但你身無長物，以何為予呢？」

「人人奉獻所有。軍士有氣力，商人有貨物，教師有知識，農夫有糧食，漁人有魚蝦。」

「說得很好，那麼你有什麼？你學了什麼可以奉獻的東西麼？」

「我可以思索，可以等待，可以斷食。」

「就只這些麼？」

「我想就只這些了。」

「那麼，這些又有什麼用處呢？就以斷食為例吧，那有何用呢？」

「先生，用處大哩。一個人如果沒有東西可吃，最好的辦法，就是斷食。舉例言之，設使悉達多沒有學會斷食的話，今天他就得去找某種工作了，如不向你找，也得到別處去找，因為飢餓不饒人，定會逼著他去找。但因悉達多學會如何斷食，所以他就可以不慌不忙地等待。他不致煩躁不安。他不缺什麼。他可以揮去飢餓，久久相安無事，且能以一笑置之。因此，先生，斷食大有用處哩。」

「沙門，算你有道理。且待一會兒。」

渴慕斯華美走出客廳，取來一個紙捲，遞給他的客人問道：「你可以讀這上面的東西吧？」

悉達多看了看那紙捲，見上面寫的是一份買賣契約，於是開始讀誦它的內容。

「好極了，」渴慕斯華美說道。「那麼，可否為我在這張紙上寫些什麼吧？」

說罷，他便遞給他一張紙和一枝筆，而悉達多接過紙、筆，便寫了兩句名言，雙手奉還。

渴慕斯華美捧讀道：「會寫固好，會想更好；聰明固佳，能忍更佳。」

「你寫得非常之好，」商人稱賞道。「我們將有很多的事情要談，但今天我先請你做我的佳賓，且住在舍下。」

悉達多道謝接受了。現在，他就住在這位商人家裏了。僕人為他取來了衣服和鞋子，並每天為他預備一次沐浴。每天侍候兩餐可口的美食，但他一天只吃一頓，既不吃肉，亦不喝酒。渴慕斯華美對他說些生意方面的業務，並帶他看了商品和貨棧，以及相關的帳目。悉達多學了不少新的東西；他多用耳朵而少用嘴巴。他謹記渴慕樂的叮嚀，對於這位商人絕不趨炎附勢，只將他當做一位地位平等的同輩看待，有時甚至還有點盛氣凌人。渴慕斯華美謹愼經營，往往因為有些情急而痛苦，但悉達多完全不當回事，視做生意如遊戲；他用功學好此中的規矩，但不使他的心情受到干擾。

他在渴慕斯華美的家中待了不久，便已分擔了老闆的義務。但是，日復一日，一到渴慕樂邀他過去的時辰，他便前去拜見這位美麗的艷妓——穿著漂亮的衣服，精製的皮鞋，並且，不久之後，還帶一些禮品給她。他在她那一對慧黠的紅唇上面得了不少學問，她那雙光滑細膩的手也傳了他很多東西。他在情場方面尙是一個初出茅廬的小子，往往盲目地縱身其中，不顧一切地潛入它的深處，而致貪得無厭，而她則向他委曲開導，是要先付出而後才能得到樂趣；每一種姿勢，每一種愛撫，每一種接觸，每一種注視，乃至身體上的每一個部分，莫不皆有它的奧秘，只要你摸到它的竅門，都可得到無上的快樂。她指示他說，情侶作愛之後，不可遽然分離，必須互相欣賞，要有征服和被征服的意願，才不致有厭倦或落寞、虐待或被虐待的可怖感覺出現。他與這位聰明的艷妓共度美妙的時光，做了她的門人，愛人，以及友人。他眼前的人生意義和價值，都寄寓在渴慕樂這裏，而不是放在渴慕斯華美的商務上面。

那位商人將重要信函和訂單都交給他寫了，並且，對於重要商務，也能逐漸習慣於和他商量著辦了。不久，他看出悉達多對於稻子和羊毛，貨運與貿易等事知之甚少，但他也看出悉達多却有一種可喜的竅門，而在沈著從容方面，可說非他自己所可企及，尤其是在善於聽人說話以及使陌生人產生良好印象方面，更非他自己所能辦到。「這個婆羅門，」某次，他對一位朋友說道，「根本不是一個商人，往後也不會變成一個真正商人；他總是不把心思放在生意上。但他跟那些無為而治的人一樣，自有他的訣竅，不知是生來吉星高照，還是驅使鬼神所致，抑或是跟沙門學了某種妙訣。他做生意似乎總是如玩遊戲，總是有些心不在焉；他總是不能完全投入，總是不怕失敗，總是不怕損失。」

他的這位朋友勸他：「將他為你經營所得的利潤給他三分之一，萬一發生虧損，也要他按照這個比例分擔，如此一來，他自然就會比較熱心了。」

渴慕斯華美聽了這個勸告，嘗試依而行之，但悉達多依然故我，仍是不大在意。如果賺到利潤了，他就默默地領受；如果賠累了，他就笑笑說，「啊哈，這筆生意不太順手。」

實際說來，他對生意似乎確是有些漠不關心。某次，他出差到某個村莊收購大批稻子，但他遲了一步，等他到達目的地時，那兒的糧食已被另一位商賈買走了。雖然如此，悉達多却在那個村上盤桓了數天，不但款待了那裏的農友，賞錢給他們的孩童，還在那裏參加了一個婚禮，可說盡情盡性而返。渴慕斯華美怪他沒有立即返回，以致虛擲了時間和金錢。悉達多答云：「我的朋友，不要責備。責備是成就不了什麼事的。倘有虧損，我願補償。我對此行十分滿意。這次我不但結識了許多好人，還和一位婆羅門做了朋友，並且，孩子們在我的膝上爬來爬去，農友們還帶我去看了他們的農地。沒有一個人將我當作商人看待。」

「那到非常之好，」渴慕斯華美勉強地承認道，「可是事實上你是一個商人。否則的話，你豈不是只為玩樂而出差了？」

「我確是為了玩樂而出差，」悉達多笑道。「有何不可？這次我結識了許多朋友，看了一些新的地區。我得了他們的友誼和信心。且說，如果我是你渴慕斯華美的話，一見生意無法做成，馬上就得趕回來，而時間和金錢都已浪費了，自然會感到非常煩惱。但我却過了幾天好日子，學了不少東西，得了不少樂趣，却未因為煩惱或匆忙而傷害到自己或別人。假如我有機會再度前往的話——為了收購二期糧食，或者因了別的目的——那些友好的人將會接待我，而我也會因為沒有顯得匆忙和不快而大為高興。不論如何，我的朋友，如今事情既已過去，就讓它過去吧，不要因了責備別人而損害你自己吧。假如有一天你認為這個悉達多對你是個禍害，只要一句話，他就會自動滾蛋。但在那個時候還未來到之前，且讓我們以好友的關係相待吧。」

這位商人嘗試要使悉達多相信：他吃的是他渴慕斯華美的飯，但結果還是白費工夫。悉達多認為他吃的是他自己的飯；尤甚於此的是，他還認為他倆所吃的都是別人的飯，都是眾人的飯。悉達多對於渴慕斯華美的煩惱總是不太理會，而渴慕斯華美的煩惱偏偏很多。設有一筆生意眼看就要失敗了，設有一批寄交的貨物失落了，或者，有人欠債而無力償付了，渴慕斯華美總是無法相信，向這位合夥人吐些苦水或口出怒言，使額頭增添幾許皺紋或睡不安枕，究有什麼用處。某次，渴慕斯華美提醒他。說他從他那裏學到了每一樣東西，悉達多不客氣地反駁道：「少說這樣的笑話。我跟你學到的是一簍魚值多少錢，借錢給人可索多少利息。這是你的學問。但我可沒有跟你學習如何思索啊，我親愛的渴慕斯華美！如果你向我學學這點，情形就會好得多！」

他確是沒有把生意放在心上。做生意可以使他有錢送給渴慕樂，這是有用的，而這的確是可以使他賺到比真正需要為多的錢，尤甚於此的是，悉達多只把同情心和好奇心放在人們的本身上面，對於他們的工作，煩惱，歡樂，以及愚行，不但毫無所知，而且比月球還要遙遠。儘管他感到，跟每一個人交談，與每一個人相處，向每一個人學習，都是非常容易的事，但他也非常明白地覺到一個事實：總有某種東西隔在他與他們之間而使他無法與他們打成一片——而這又出於這樣一個事實：他曾當過苦行沙門。他目覩人們像兒童或動物一般活著，而這使他感到既可愛又可憎。他目覩他們辛勞，目覩他們受苦，目覩他們為了在他看來似乎不值得煩惱的事情——金錢，些許的快樂，以及微不足道的榮譽——而弄得面色發青，乃至兩鬢添霜。他目覩他們互相責罵，彼此傷害；他目覩他們為了沙門一笑置之的痛苦而哀傷，為了沙門不關痛癢的損失而受折騰。

人們無論給他帶來什麼，他都接受。他歡迎向他兜售亞蔴布的商人，他歡迎向他借錢的債務人；他歡迎向他訴窮的乞丐，儘管這個乞丐沒有任何苦行沙門窮。他對外來的富商與對為他修面的僕人沒有兩樣，與對待向他兜售香蕉的小販也無兩樣，並且還讓他自己被竊去一些小錢。假如渴慕斯華美來向他訴苦，或為了某件生意而有所責備，他也帶著好奇心全神貫注地聽他敘述，對他表示驚訝，努力體會他的意思，並在似有必要的時候稍稍讓他一下，然後掉過頭去，轉向另一個前來找他的人。而前來找他的人很多——很多人來找他談交易，很多人找來欺騙他，很多人來聽他的意見，很多人來求他的同情，很多人來聽他的忠告。他給人忠告，他予人同情，他送人禮物，他讓他自己稍稍受點欺騙，他讓他的心念忙於人人都玩的這些遊戲和交情，就像他以前讓他的心念忙於婆羅門所玩的那些神明和大梵一樣。

有時候，他聽到一個溫和而又文靜的聲音在他內心中輕悄地提醒他，悄悄地訴述著，輕悄得幾乎使他無法聽清它在說些什麼。而後，他忽然明白地看出了：他在過著一種怪異的生活，他在做著許多只是兒戲的事情，他雖十分快活，有時還會感到快樂，但真實的生命却從他的身旁流過而沒有觸及他。跟球手玩弄他的皮球一樣，他玩著他的生意，並與他身邊的人玩耍；他觀察著他們，從他們身上得些娛樂；但他的本心，他的真性，却沒有放在這些上面。他的真正自我離得遠遠的，在別處遊蕩，不息地遊蕩，非僅不可得見，而且與他的生命了不相干。有時候，他因了駭怕這些念頭而希望他也能熱切地從事他們那種稚氣的日常事務，真真實實地加入他們之中去過他們那種生活，而不只是作為一個旁觀者從旁觀望。

他經常拜訪美麗的渴慕樂，經常向她學習愛的藝術，而在這種藝術當中，最重要的一點就是施與受之不二。他對她講話，以她為師；他給她勸告，受她勸告。她了解他甚於以前的高聞達。她比高聞達更像他。

某次，他對她說：「你跟我一樣；你與眾不同。你是渴慕樂而不是別人，而你內心有一種平靜和聖堂，隨時隨地都可退到那裏面獨自稱尊，像我一樣。儘管人人莫不有分，但可以得其受用的人却少之又少。」

「並不是人人都是聰明伶俐的啊，」渴慕樂答道。

「渴慕樂，這與聰明伶俐並沒有什麼關係，」悉達多說道。「渴慕斯華美跟我一樣聰明，然而他的內心却沒有可以求得庇護的聖堂。別的人也有這種聖堂，不過他們在認識方面只是學童而已。渴慕樂，許多人都跟落葉一樣，在空中隨風飄蕩，經不住幾下翻轉就落到了地上。只有少數的人像太空裏的明星一般，循著穩妥的軌道運行，風雨影響不了他們，因為他們的本身之中自有自己的指標和道路。在我所認識的這一切智者之中，有一位已達完美之境的人，那就是我怎麼也忘不了的大覺世尊，如今他正在傳播這種福音。每天都有成千累萬的青年聽他講經說法，並且時時刻刻信受奉行，但他們仍然只是正在下降的落葉，因為他們的心裏還沒有這種智慧和嚮導。」

渴慕樂睜大著眼睛向他微笑著。「你又在談他了，」她對他說道。「你的沙門念頭又出現了。」

悉達多默不作聲，於是他們來玩愛的遊戲——玩渴慕樂所知的三十或四十種不同玩法之中的一種。她的身體非常柔軟，猶如美洲虎，一似獵者弓；凡是向她學過此術的人，都會得到種種樂趣，種種奧妙。她與悉達多玩了好一陣子，拒斥他，壓倒他，征服他，以她的純青技巧娛樂他，直到他完全被她制伏而筋疲力竭地臥倒在她的身旁。

這位艷妓俯身在他的上面，緊緊地盯視著他那副疲倦的面孔。

「你是我的最佳情人，」她若有所思地說。「你比別的人都更強壯，都更溫順，都更情願。悉達多，你已把我的藝術學得很好了。待些時候，等年紀大些，我要為你生個孩子。可是，我親愛的，你至今仍是一個沙門哩。你並不真的愛我——你並不愛任何人。我說對了沒有？」

「也許，」悉達多倦倦地回答道。「我跟你一樣。你也不能愛人，否則的話，你怎麼可以把愛當作一種藝術來操作呢？像我們這樣的人也許沒法愛人。一般的人反而倒能——這是他們的妙處。」

生死輪迴

悉達多一直過著俗世的生活，却未完全投入其中。他在做苦行沙門期間加以扼殺的感官知覺，如今又都復活了。然而，他雖品嘗了財富、情慾以及勢力的滋味，但是，過了一段很久的時間，他在骨子裏仍然保持著一種沙門的心態。聰明的渴慕樂當然會看出此點，他的生活一直受著思索，等待，以及斷食之術的支配。俗世的人們，一般的常人，仍然與他保持一段距離，正如他仍未與他們打成一片一樣。

歲月如流。悉達多一直生活在舒服的環境中，幾乎沒有覺察到時光的流逝。如今他已成了富人。他不但早就在郊區河畔置就了屬於他自己的花園住宅，而且也有了聽他自己使喚的僕從。人們仍然喜歡他，手頭不便或有事求教時就來找他。然而，除了渴慕樂之外，他仍然沒有結交到親密的朋友。

他在年輕時候，在與他的朋友高聞達分手之後，在聽世尊說法之後的那些日子當中所曾體驗的那種忘形的光輝悟境，那種警覺的期待，那種卓然自立、絕不依傍經師的豪氣，那種恭聆內心梵音的急切之情，都已逐漸變成了一種往事而消逝了。那個曾經在他附近、曾經在他心中高唱的唯一源頭，如今已在遠方喃喃低吟了。不過，他從那些沙門，從大覺世尊，從他自己的父親以及其他婆羅門處學到的許多東西：節制的生活，思惟的快樂，靜坐的功課，自我的認知，非色非心之永恆自我的奧秘——所有這些，仍然保持了一段很長的時間。在這許多東西之中，有些仍然保持著，另外的一些則被塵土遮蓋，被塵土埋沒了。正如陶師的轉輪一樣，一旦拉動起來，便可繼續轉上好一陣子，而後逐漸緩慢，最後終因餘勢已盡而停住，苦行沙門的轉輪，思惟冥想的轉輪，分別抉擇的轉輪，亦皆如是，在悉達多的心靈之中轉動了很長一段時間，至今仍在旋轉著，但已逐漸緩慢了，已經有些沉滯了，已經快要靜止了。緩緩地，就像潮濕的空氣，緩緩地侵入垂死的樹身，緩緩地充塞其中，緩緩地腐蝕著它一樣，世人的這種慣性亦悄悄地進入了悉達多的心靈，緩緩地充塞其中，使它沉重，使它倦怠，終而至於將它送入睡鄉了。但在另一方面，曾被壓制的感官知覺却顯得更加清醒了，因而使他學了很多的東西，經驗了許多事情。

悉達多不但學會了如何處理商場業務，而且學會了怎樣運用權力，怎樣以女人自娛；他不但學會如何穿著上好衣裝，同時也學會了怎樣使喚僕從，怎樣在香噴噴的水中沐浴。他不但學會了享受精製的點心和佳餚，同時也學會了啖食附加各種佐料的魚、肉、雞、鴨，並喝上好的美酒，使他自己變得懶散而又健忘。此外，他不但學會了擲骰子，賭棋子，看跳舞，坐肩輿，睡軟床，並且還總是自覺與眾不同，高人一等，總是帶著一些藐視，一些不屑的眼光看人，而那正是苦行沙門用以看待世人的眼色。設使渴慕斯華美心情煩躁了，設使他覺得受到屈辱了，設使他被他的商務弄煩了，悉達多總會以他那嘲諷的神情看待他。但是他那種嘲弄別人的優越之感，也隨著季節的轉移，在不知不覺中逐漸減少了。隨著他的逐漸富裕，悉達多本人也在不知不覺中感染了販夫走卒所有的若干習氣，感染了一般俗人所有的那種稚氣和焦躁之氣。然而他却羨慕他們，而他愈是羨慕他們，就變得愈像他們。他羨慕他們的一點，是他們都有而他却無的東西：他們以之維繫生命的那種重要之感，快樂和苦惱悉皆深刻的痛切之感，由不斷去愛而起的那種既焦急又甜蜜的幸福之感。這些人總是愛著他們自己，愛著他們的子女，愛著他們的金錢或榮譽，愛著他們的計畫或前途，而他却沒有從他們學到這些——這些稚氣的享樂和愚行；他只是從他們那兒學到了他所輕視的那些不快之事。如今越來越發常見的一件事情，是過了一個歡愉的夜晚之後，次日早晨癱在床上遲遲不起，感到渾身遲鈍而又厭倦。每當渴慕斯華美拿他自己的煩惱去煩他的時候，他就變得焦躁而又不耐其煩。每當他擲骰子擲輸了，他就過於大聲的狂笑。他的神情雖仍顯得比別人聰明智慧一些，但他已經很少開懷大笑了，而他的面上逐漸逐漸地有了富人之間常見的那種表情——那種不滿，那種病態，那種寡歡，那種怠惰，那種無情的表情。富人所具的那種心靈或靈魂之病，悄悄地傳到了他的身上。

一種倦怠，像一襲輕紗，似一層薄霧，逐漸逐漸地籠罩了悉達多的本身，逐漸逐漸地，每天厚一些子，每月暗一些子，每年重一些子。正如一件新衣服隨著時間的轉移而逐漸變舊，而逐漸失去光澤，而逐漸受到污染，而滾邊逐漸磨損，而隨處皆有線頭和破綻出現一樣，悉達多自從離開高閒達以後所展開的新生活，亦已破舊，也隨著歲月的轉變而失去了光彩，而累積了油污，而隱藏內心深處的幻妄和憎惡，也已在隨時隨地候機出現了。悉達多還沒有發覺此點，他只感到那個曾經一度在他心中覺醒、而後經常在大好時光引導他的那個明朗而又清晰的內在聲音，已經沉默下去了。

這個世界困住了他，享樂、貪慾，怠惰，還有一向被他輕視、被他指為愚昧之極的那種邪惡——有求有得之心——亦已攫住了他。最後，產業，家私，以及財富，終於也絆住了他。所有這些，皆已成了一條鎖鏈和重擔，再也不是一種遊戲和玩具了。悉達多透過此種擲骰子的賭博，在這條最卑、最下、最邪的怪異曲徑上面徘徊流浪。自從他不再是他心目之中的苦行沙門的那一刻起，他就開始以擲骰子來賭錢了，而賭興愈來愈大，後來竟至賭起珠寶來了——而這種遊戲，他本來是以一種入鄉隨俗的心情，漫不經心地帶著微笑隨意參加的。如今他已成了亡命的賭徒，很少人敢做他的對手，因為他所下的賭注不但很大，而且不顧一切，非常輕率。他所以作此豪賭，出於他的內心需要。他要以浪擲不義之財的手法求得一種熱烈的快樂。除此之外，他沒有別的辦法明白表示他的輕視錢財，嘲諷商人的虛偽神聖。因此他不但下注很大，而且毫無顧惜，以此來憎惡他自己，嘲諷他自己。他往往一贏千金，一輸萬金，輸掉金錢，輸掉鄉村別墅，輸了又贏，贏了又輸。他愛這種焦慮，他愛他在賭骰子之時、在滿場大注而勝敗未分之際所體驗到的那種可怖得令人窒息的焦慮。他不但喜愛這種感受，而且不斷地去重溫這種感受，去加強這種感受，去激發這種感受，因為唯有在這種感受中，他才能在他那種飽暖、平凡而又乏味的生存中體驗到某種快樂，某種刺激，某種昂揚的生活。每逢大輸大敗之後，他就盡其全力再去求財，急切地去鑽營，逼迫借貸的人還帳，因為他還要再賭，還要再花，因為他還要再度表示他對金錢的輕視。悉達多對輸錢逐漸感到不耐了，他對拖欠的人失去耐性了，他對乞丐不再仁慈，他再也不想送禮物和貸款給窮苦之人了。一賭萬金而開懷大笑的他，如今對於生意變得愈來愈刻薄，甚至愈來愈卑鄙了，並且，有時夜裏做夢也想錢了。而當他從這種可憎的禁咒之中醒來之時，每當他在臥室的壁鏡中見到自己的面目已經變得又老又醜之時，每逢羞愧與憎惡交相襲擊之時，他就再度實行逃避，逃向一種新的運氣遊戲，逃進激情的混亂之間，逃入醇酒的痲醉裏面，而後又從這裏回到弄錢和聚財的衝動之中。他在這種沒有意義的圈子裏面打滾，弄得筋疲力竭，變得未老先衰，渾身是病。

接著，有一個夢向他提醒了一件事情。一天晚上，他在渴慕樂的遊樂園中與她共度黃昏。渴慕樂一本正經地說著話，而這些話的背後隱藏著一種哀愁和厭倦。她要悉達多談談關於大覺世尊的種種情形——他的眼神如何明晰，他的嘴巴如何優美，他的微笑如何親切，他的舉止如何安詳——而她總是覺得不夠翔實。悉達多只好把有關大覺世尊的一切從長細述了一遍，而渴慕樂聽了之後，終於嘆了一口氣說道：「有朝一日，也許不久，我也要皈依這位覺者。我要將我的遊樂園奉獻給他，而後在他的教義中弄個安身立命之所。」但說了這些話後，她不僅誘惑了他，並在愛的遊戲中以極度的熱情涕淚交流地猛烈地將他緊緊摟住，好像要再度從這種不息飛逝的娛樂中榨取最後一滴甜蜜一般。真是太奇怪了，悉達多從來沒有這樣明白地感到情慾與死亡的關係如此密切。事後他臥倒在她的身旁，與渴慕樂面對面地望著，因而在他倆相交以來，第一次在她的眼下和嘴角部分，清清楚楚地看到了一種可悲的跡象：一種令人想到黃葉和老邁的痕跡——纖細但頗顯明的皺紋。而悉達多本人，雖然才不過四十來歲，但那一頭黑髮之中也有了片片的斑白。渴慕樂那副嬌美的面孔上露出了暗淡的倦容，露出了由於不斷長途跋涉走向無樂可言的目標而起的倦容，露出了由於一直隱著而尚未提及、甚或尚未發覺的畏懼——畏懼生命的秋風，畏懼老邁，畏懼死亡而來的倦容和剛剛出現的老態。他歎了一口氣，離她而去，心中充滿了難言的悲哀和隱藏的恐懼。

接著，他又在他自己家中以舞女和醇酒消夜，裝出一副優於同伴的神氣，實際上已不是那麼一回事了。他喝了很多酒，一直過了午夜才遲遲就寢，身心疲乏而心緒不寧，幾乎處身於淚水和絕望之中。他想要好好睡一覺，但也只是空想而已。他的心中被悲哀所充塞，感到再也不能忍受了。他滿懷憎惡，而這種憎惡卻像一種味道不良的劣酒，好像一種過於油膩而又膚淺的樂曲，好像舞女面上所現的那種過於討好的巧笑，或像伊們髮上和胸間所噴的那種過於濃烈的香水一樣，在壓服著他，使他感到憎惡、作嘔。而尤其使他感到噁心的，是他自己，是他那些灑了香水的頭髮，是他口中噴出的酒氣，是他那身鬆了的皮膚。就像一個酒食過度的人痛苦地大吐一陣而後感到輕快一樣，這個心不寧貼的人也想痛嘔一陣，使他自己徹底擺脫這些可憎的享受而自此種毫無意義的習慣束縛之中解脫出來。他痛苦地掙扎著，直到東方發白而他這座城中住宅周圍出現最初的活動跡象，他才能夠略略睡了一下，享受片刻的假釋。而他就在這個時候得了一夢。

渴慕樂有一隻稀有的鳴禽，飼養在一隻小小的金絲籠中，而他夢見的景象，就從這隻小鳥展開。這隻通常在清晨鳴囀的小鳥，一天早晨忽然不鳴了，而這使他不免有些驚訝，於是跑到籠子那裏看了一下，結果發現那隻小鳥已經死了，僵直地躺在籠子的底上。他打開鳥籠將牠取出，拿在手裏看了片刻，然後將牠拋到外面的馬路上，而就在這一刹那間他感到一陣恐怖而覺到一陣心痛，就如他本身所有一切美好而又有價值的東西都隨著這隻小鳥一下拋掉了。

他從這個夢中醒來之後，被一陣沉重的悲戚之感所攫。他覺得他似乎已以一種沒有價值、沒有意義的方式虛度了他的生命；他沒有留下來一樣重要的東西，沒有留下任何寶貴或有價值的東西。他孤零零地站在那裏，就如一個沉了船的水手站在汪洋大海的邊緣上面一般。

悉達多悽然地走進他自己的遊樂園，而後將門關上，坐在一株芒果樹下，打從心底生起一陣恐怖和死亡之感。他坐著坐著，感到他自己在逐漸死亡，枯萎，完結之中。逐漸逐漸地他收斂心神，盡其記憶之所能，打從最早的早年開始，將他整個的生活歷程做了一番心靈的回顧。他何時曾經真正快活過？他何時曾經真正有過歡樂？不錯，他曾有過幾次快樂的時光。他曾在他的童年時代嘗過快樂的滋味——在他贏得婆羅門的誇獎時，在他遠遠越過與他同時的孩童時，在他背誦聖詩表現突出時，在他與學者論證時，在他協助祭儀時。那時他在心中感到：「一條路已經展開你的眼前，你當奉召跨上此道，諸神在等候著你。」還有，便是在他的青年時代——在他為了繼續不斷地追求那個高超的目標而不得不進出於成羣的同類追求者之中時，在他努力鑽研婆羅門的教義時，在他每逢得到一種新的認識而引發一種更新的渴望時，而當此之時，當他在這種渴望當中，在作此努力的當中，他常在心裏想道：前進啊，前進啊，這就是你的道路！他在出家去當沙門的時候聽到過那個聲音，在他離開那些沙門去見大覺世尊時也曾聽到過那個聲音，最後，在他為了追求那個未知之境而離開世尊之時，也曾聽到過那個聲音。自從他聽過那個聲音之後，自從他飛向任何高峰之後，究有多少時間了？他所走的這條道路是多麼地悽涼寂寞啊！他虛擲多少漫長的歲月！沒有任何高尚的目標，沒有任何成就的渴望，沒有任何超越的提昇，只是滿足於小小的享樂而從未得到真正的滿足！這些年來，他在不知不覺中努力並渴望變得跟所有的那些人完全一樣，變得跟這些孩童一般，而結果是使他的生活過得比他們更為可悲，更為貧乏，因為他們的目的跟他的不一樣，他們的煩惱也跟他的不同。對他而言，渴慕斯華美等人所有的這整個世界，只不過是讓人觀賞的一種遊戲，一場舞蹈，一齣鬧劇而已。只有渴慕樂對他還算可貴——對他尚有價值——但她而今仍然可貴麼？仍有價值麼？他仍需要她麼？——她也還需要他麼？他倆豈非在玩一種沒有結局的遊戲麼？有必要為它而活麼？沒有。這個玩意叫做生死遊戲，是孩子玩的一種輪迴①遊戲，玩個一回，兩回，乃至十回，或許還有一些趣味——值得繼續不斷地永遠玩下去麼？

到了此時，悉達多知道，這種遊戲已經結束了；他再也不能繼續玩下去了。一陣寒戰襲過他的全身，使他感到好似某種東西已經死了。

那天，他整日坐在那株芒果樹底下，整日憶念他的父親，憶念高聞達，憶念大覺世尊。他離開這一切，就是為了要做一個渴慕斯華美麼？他繼續坐在那裏，直到夜幕低垂。當他擧目看到天上明星時，他在心裏想道：我坐在這兒，坐在我的芒果樹下，坐在我的遊樂園中。他微微笑了一下。他佔有一座遊樂園，佔有一株芒果樹，必要麼？適宜麼？難道不是一種愚昧之擧麼？

他與這一切已經沒有關係了。這一切也在他的心中死去了。他立起身來，告別了那株芒果樹和那座遊樂園。由於那天一直沒有吃東西，因此他感到極度的飢餓，因而想到他在城中的住宅，想到他的臥室和擺滿食物的餐桌。他沒精打采地笑了笑，搖搖頭，也對那一切說了一聲再見。

悉達多就在當天夜裏離開了他的遊樂園和那座城市，並且一去永不復返。渴慕斯華美設法找他，找了很久，沒有找著，以為他已落入土匪手中了。渴慕樂却沒有設法去找他。她聽了他失踪的消息之後，一點也不感到意外。她不是早就預料到他會有這麼一天了麼？難道他不是一個沒有家室之累的沙門麼？不是一個浪跡天涯的遊方僧人麼？她在與他最後一次聚會的時候就已經有此感了，因而使她頗感欣慰的是：她已在那種將有所失的痛苦當中，使他緊緊地貼近她的心胸，讓她感到已經毫無保留地得到他的佔有和支配。
渴慕樂第一次聽到悉達多失踪的消息時，她緩緩地走到她飼養那隻鳴禽的窗口，打開鳥籠的柵門，取出那隻珍貴的小鳥，讓牠自由自在地飛去。她久久地注視著那隻飛逝的鳥兒，注視了很久一段時間。自從那天以後，她就關起大門，不再接客。不久之後，她感到她有了身孕，那是她與悉達多所作的最後一次聚會而來的結果。

【譯　註】

① 生死輪迴(Samsara)為「生死」與「輪迴」之複合語，有時單用，有時合用，有時同義，有時略異，意為生生死死，輪轉不息，與涅槃寂靜相反，有時說生死即涅槃，涅槃即生死(此義深微，須加審別，不可囫圇，以免遭口頭禪之譏)。佛學大辭典解釋云：眾生無始以來，旋轉於六道之生死，如車輪之轉而無窮也。心地觀經三曰：「有情輪迴生六道，猶如車輪無始終。」又云：一切眾生惑業所招，生者死，死者生也。楞嚴經三曰：「生死死生，生生死死，如旋火輪。」秘藏寶鑰上曰：「生生生生暗生始，死死死死冥死終。」略分之，有二種生死、三種變異生死、七種生死、十二品生死等名目。二種生死者：一、分段生死：諸有漏善、不善之業，由煩惱障助緣所感三界六道果報也。其身果報有分分段段之差異，故曰分段，具見

思惑之一切凡夫是也。二、不思議變易生死：諸無漏之善業，依所知障助緣所感之界外淨土果報也。為斷見思惑之阿羅漢以上聖者之生死。不思議者，以業用之神妙不測而名；變易者，無色、形之勝劣、壽期之短長，但迷想漸滅、證悟漸增，此迷悟之遷移，謂之變易。(已上臺家之義，見勝鬘經。)又，聖者改易分段之身而得不可思議殊妙之好身，故曰變易。(已上法相之義，見行宗記。)又，心神念念相傳，而前後變易，故名變易。又，諸聖所得之法身，神化自在，能變能易，故名變易。(已上三論之義。)唯識論就變易生死舉三名：一、不思議變易生死，二、意成身，三、變化身。見唯識論八。此變易生死，據法相之義，智增之菩薩，於初地以上受之；悲增之菩薩，於八地以上受之云。臺家以四土中之方便土為變易身之所居，藏、通二教之無學果及別教之第七住已上、初地以下菩薩、並圓教之第七信初住已下菩薩，受此生死云。勝鬘經於此二者，又名有為生死、無為生死。凡夫起有漏之業，感有為之果，故名有為；聖人起無漏之諸業，不受有為分段之報，故名無為。三種變易生死者：一、微細之生滅，念念遷異，前後變易，名為變易。變易是死，名為變易。此通於凡、聖。二、無漏業所得之法身，神化無礙，能變能易，故名變易。變易化死，名為變易。此通於大、小。三、真證之法身，隱顯自在，能變能易，故曰變易。變易非死，但此法身未出生死，猶為無常死法，所隨變身上有其生死，名為變易。此唯在於大乘。雖有三義，而勝鬘經所明者，以第一為宗。見大乘義章八。四種生死者：梁攝論十明如下四種生死：一、方便生死，二、因緣生死、三、有有生死。四、無有生死。參見下釋。七種生死者：諸說不同，梁攝論十四曰：「如來報障清淨，由除七種生死。」而同十卷明四種生死，謂一、方便生死、二、因緣生死，三、有有生死，四、無有生死。七種之中，解此四種，他三種名、釋皆無。顯識論以三界之分段生死為三種生死，加以前之四種生死，為七種生死。臺家別由攝論宗末師之釋，解七種生死。輔行七曰：「一、分段生死，三界之果報也；二、流來生死，迷真之初也；三、反出生死，背妄之初也；四、方便生死，入於涅槃之二乘也；五、因緣生死，初地之變易也；六、有後生死，十地之變易也；七、無後生死，金剛心也。」十二品生死者：一、無餘死，阿羅漢也；二、度於死，阿那含度欲界之死也；三、有餘死，斯陀含往還於欲界之人天也；四、學度死，須陀舍之見道諦也；五、無數死，八忍八智之人也；六、歡喜死，學禪一心之人也；七、數數死，惡戒之人也；八、悔死，凡夫也；九、橫死，孤獨窮苦之人也；十、縛苦死，畜生也；十一、燒爛死，地獄死也；十二、飢渴死，餓鬼也。見十二品生死經。又，不思議變易生死者，二種生死之一，離三界生死之身後，以至成佛之界外生死也。由煩惱之力，起有漏之善惡業，由此業所感之三界五趣果報，曰分段生死。以所謂可求之菩提在實、可度之眾生在實之法執，即所知障為助緣，起無漏之大願大悲業所感得之細妙殊勝果報，曰不思議變易生死。由無漏之悲願力改變分段生死之粗身而受細妙無限之身，故云變易，為無漏之定力所助、妙用難測，故名不思議，為大悲意願所成之身，故亦云意生身，或云無漏身，亦云生過三界身。

略釋數喻：一、生死岸：生死海之此岸也，涅槃為生死之彼岸。二、生死流：生死能使人漂沒，故名為流。無量壽經下曰：「設滿世界火，必過要聞法。要當成佛道，廣濟生死流。」三、生死海：生死無邊際，有如大海也。止觀一曰：「動法性山，入生死海。」四、生死際：對於涅槃之稱，生死、涅槃之二際，無二無別也。五、生死縛：罥網繫縛人，故曰縛。最勝王經二曰：「一切眾生於有悔，生死罥網堅牢縛。」六、生死輪：三界六道之生死，為載人運轉之車輪，故曰生死輪。智度論五曰：「生死輪載人，諸煩惱浩業，大力自在輪，無人能禁止。」止觀輔行曰：「業相是能運，生死是所運。載生死之輪，名生死輪。」七、生死長夜：生死如夢，久而不覺，故譬之於長夜。唯識論七曰：「未得真覺，長處夢中，故佛說為生死長夜。」八、生死事大：言以求證悟、了生死為要則，無暇顧及細微末節也。永嘉玄覺禪師參六祖慧能，繞祖三匝，振錫而立。祖曰：「夫沙門者，具三千威儀，八萬細行。大德自何方而來，生大我慢？」覺曰：「生死事大，無常迅速！」見六祖壇經機緣品。九、生死即涅槃：由對語「煩惱即菩提，生死即涅槃」而來。大集經九十曰：「常行生死即涅槃，於諸欲中實無染。」（涅槃一詞參見本書第二章「入山苦修」譯註①。）止觀一曰：「無明塵勞，即是菩提，無集可斷……生死即涅槃，無滅可證。」又曰：「生死即涅槃，是名苦諦……煩惱即菩提，是名集諦。」此「煩惱即菩提，生死即涅槃」之義，為大乘佛教至極之談，依教門之淺深而異其歸趣。教觀大綱見聞曰：「密教謂愛染明王表『煩惱即菩提』、不動明王表『生死即涅槃』，顯教謂龍女表『煩惱即菩提』，提婆表『生死即涅槃』。」此處之關鍵在一「即」字，其意不比尋常，須加甄別。佛學大辭典「即」字條解釋云：和融不二、不離之義，謂之「即」，如「煩惱即菩提，生死即涅槃」是也。臺家立三種「即」而判之：一、二物相合之「即」：如金與木合。煩惱與菩提本來各別：煩惱為相，菩提為性。性、相合而彼此不離，故曰「煩惱即菩提」。是通教所談。義為不能確斷煩惱，則不能得菩提。二、背、面相翻之「即」：如煩惱、菩提雖為一體，而有背與面之相違：由悟之背言之，則為菩提；由迷之面解之，則為煩惱也。蓋隨於無明，則為煩惱、生死；順於法性，則為菩提、涅槃；猶如一室，有內、外，表、裏。是別教所談，破無明而不順法性，則不得菩提。三、當體全是之「即」：如水、波。為水為波，為菩提、為煩惱，僅實智與妄情所見之異耳。妄情之前，法界總為生死；實智之前，法界悉為涅槃。是之謂法體即妙，粗由物情。不要斷捨，不要翻轉，要唯破無明之情以發智而已。故於佛界具九界煩惱、生死之法。謂之性惡不斷，圓教之至極也。輔行一曰：「『即』者，廣雅云『合』也。若依此釋，仍似二物相合名『即』，其理猶疏。今以義求，體不二故，故名為『即』。即二而一，與『合』義殊。」十不二門指要鈔上曰：「應知今家名『即』，永異諸師。以非二物相合，及非背、面相翻，直須當體全是，方名為『即』。」

觀河聽水

悉達多悠悠蕩蕩地蕩進了森林，離開那個城市已經很遠了，而他現在只知道一點——他不能再走回頭路了，他已混了多年的那種生活已成過去了，已經品嘗過了，已經乾枯到令人作嘔的地步了。那會唱歌的鳴禽已經死了；他在夢中夢見牠的死亡，就是他自己心中之鳥的死亡。他一直深陷生死海中；他已將各方面的憎惡和死亡吸上自身，就像會吸水的海綿一樣，已經到了滿盈的時候。他已被煩惱充滿，被痛苦充溢，被死亡充塞了；人間已經沒有一樣東西可以吸引他的注意了，再也沒有一樣東西可以給他歡樂和安慰了。

他熱切地希望遺忘，希望安息，希望死掉。他但願能有一道閃電將他擊斃！但願有隻猛虎出來將他一口吞掉！但願能有某種毒酒，某種毒藥，使他湮沒，使他遺忘，使他一睡不醒！世上還有什麼污穢不曾被他拿來自污過？還有什麼罪過和愚行他不曾犯過？他靈魂上有什麼污點不是由他自己一手造成？既然如此，還有臉皮活下去麼？還有臉皮再吸氣吐氣，再覺饑餓、再吃、再喝、再睡、再跟女人共枕麼？這種輪迴遊戲難道對他仍未完結不成？

悉達多到了森林之中的那條長河，那是在他仍然年輕時離開大覺世尊後，由一位擺渡人渡他過來的那條大河。他在河邊停住，猶豫著佇立在河岸上面。疲竭和飢渴已經使他變得虛弱不堪了。為何還要前進呢？進又進到那裏去？那又為了什麼？他已不再有目標了；除了焦灼地渴望抖掉這整個迷夢、吐掉這酸腐臭酒、了結這悲痛生命之外，什麼也沒有了。

岸上有一棵樹，是一棵椰子樹。悉達多將身子靠著它，以一隻臂膀環抱著樹幹，俯視著在他下面流動的碧波。他向下俯視著，內心充滿著一種渴望：放開抱著的臂膀，讓他自己永沉水底！水中的那一片寒空，反映了他心中那種可怖的空虛。對，他已到了盡頭。對他而言，除了抹掉他自己，摧毀他的生命空殼，予以拋棄，好讓諸神嘲笑之外，什麼也沒有了。他渴望執行的，就是他所憎惡的這個形體！但願鯊魚一口吞食了他——這條悉達多狗！這個喪心病狂的傢伙！這個腐臭的肉體！這個窩囊而又胡作妄為的靈魂！但願鱷魚一口將他吞下肚去！但願魔鬼將他撕得四分五裂！

他以一副扭曲的面孔凝視著河水。他看到了他那副映在河上的尊容，不屑地向它吐了一口口水；他要將抱著樹幹的那隻臂膀挪開，微微轉動身體，以便來一個倒栽葱，一下栽入水底之中。他彎下身子，閉起眼睛——面向死亡。

就在這個關口，他聽到了一個聲音——一個來自他的靈魂深處、來自他的疲憊生命深處的聲音。那只是一個字，只是一個音節，他曾不加思索地隨口混念、但却是古代一切婆羅門禱詞起首和結束要用的一個字——神聖的「唵」字真言①，而它的含義則是「完美」或「至善」。這個「唵」就在這個當口傳到悉達多的耳中，而使他那沉睡的靈魂猛然清醒過來，而使他忽然感到他這個行動的愚不可及！

悉達多打從心底吃了一驚。原來他已經到了這個地步；他真是太迷惘，太混亂，太沒有理性了，居然起了尋死的念頭！這種念頭，這種孩子氣的想法，以摧毀肉體的辦法求得心靈的安靜，居然已在他的心中變得這樣牢固了！這些時日所遭受的痛苦，所面對的幻滅，以及整個的絕望，對他的影響，居然沒有在這一刹那間傳到他的心中、而使他頓然警覺自己將犯邪惡罪過的「唵」字來得重大而又深切！

「唵，」他在心裏朗誦道，於是他覺知了梵，覺知了生命的不滅性；他憶起了他所忘失的一切，憶起了那神聖的一切。

但那只是一刹那的工夫，只是雷電一閃的時候。悉達多被一陣疲乏所控馭，頹然倒在那棵椰樹的根上。他將頭枕在樹根上面，口裏喃喃唸著「唵」字真言，逐漸沉入了睡鄉。

他睡得很熟很深，而且沒有擾人的夢魘；他已好久沒有這樣睡過了。睡了許多時辰，到他一覺醒來時，他感到好像已經過了十年的時光了。他聽到了柔和的流水聲；他不知道身在何處，也不曉得是什麼風將他吹到這裏的。他翹首仰視，訝異地看到樹木和藍天在他的上空。他記起他身在何處以及如何來到此處的了。他想他已在這裏停留了一段很長的時間。在他看來，過去的往事而今已被一道輕紗遮住，而變得極其遙遠，微不足道了。他只知道他以前的生活（在他剛剛覺醒的那一刹那，他以前的生活彷彿一個遠古的化身，好像他底現在自我的一種前生）已經完結了，只知道它曾充滿可憎和邪惡，以致使他想要將它毀滅，他只知道他在一條河邊醒來，在一棵椰樹下面醒來，口裏念著這神聖的「唵」字真言。接著他又沉入了睡鄉，而醒來時再看這個世界，猶如一個脫胎換骨的新人。他輕柔地對著自己念誦這個「唵」字，他曾在念著它的時候沉入睡鄉，使他感到他這整個的睡眠好似都在深深地長念著這個「唵」字，思惟著這個「唵」字，透入這個「唵」字，契入這個無名之名，契入這個神聖之中。

這是一次多麼美妙的睡眠！從來沒有一次睡眠使他這樣清新，使他這樣振奮，使他這樣充滿青春活力！或許是他已經真的死過，或許是他已被淹死過了，而後又投胎轉生。沒有，他認得他自己，他認得他的手和脚，他認得他睡著的這個地方和他心中的這個自我，這個任性的個人主義者悉達多。不過，這個悉達多似乎已經改變了，已經更生了。他睡了一次奇歟妙哉的大覺。而他十分的清醒，快樂，而又充滿好奇。

悉達多爬起身來，只見一個身著黃袍的光頭僧侶，像一個沉思者似的坐在他的面前。他向他看去，見他既沒有頭髮，也沒有鬍鬚，但他沒看多久，就看出了這個僧侶，是他年輕時的好友高聞達，是已經皈依大覺世尊的高聞達。看來高聞達也上年紀了，但他的眉宇之間仍然流露原有的特性——熱切，忠誠，好奇而又急躁。但當高聞達發覺到他在注視他而舉目向他看去時，悉達多看出高聞達並沒有看出他是誰。高聞達見他睡醒了，顯得非常高興。顯而易見，他坐在這裏等他醒來，已經等了很久一段時間了——雖然他並沒有認出他。

「我一直在睡覺，」悉達多說道。「你是怎麼來到這兒的？」

「你一直在睡覺，」高聞達答道，「而這裏屬於森林地帶，是虎狼和毒蛇出沒的地方，睡在這裏，實在太不妥當了。在下是大覺世尊釋迦牟尼佛②的一個隨從弟子，剛才與一班遊學參訪的兄弟經過此地，見你躺在這樣一個地方睡覺，十分危險，就想將你叫醒，但看你睡得很甜，於心不忍，於是就獨自一人留下來守護你，等你睡醒。結果好像是守護的人自己也睡著了。我實是疲憊不堪，未能善盡守護之責，實在太糟了。不過，你現在既然醒了，我也就可上路追趕我的師兄弟了。」

「好心的沙門，守護著我睡覺，謝謝你了。大覺世尊的弟子都很慈悲，不過，你現在可以趕路了。」

「我就要走了。願你多多保重！」

「謝謝你了，沙門。」

高聞達欠身說道，「再見。」

「再見，高聞達，」悉達多說道。

這位僧人驚住了。

「對不起，這位先生，請問你是怎麼知道在下的名字來的？」

悉達多聽了高聞達的問話，不禁笑了起來。

「我認識你，高聞達，我認識你，在你在家的時候，在你上婆羅門學堂的時候，在你向神獻祭的時候，在我倆入山向苦行沙門學道的時候，以及在你在祇陀林園發誓皈依世尊的時候。」

「噢，你是悉達多！」高聞達禁不住大聲叫道。「現在我認出你了，真不知道我為什麼竟沒有一眼看出你來。你好，悉達多，能夠與你重逢，使我感到真是太高興了！」

「我也很高興能夠與你再度重逢。你在我睡著的時候一直守護著我。我要再謝謝你——雖然我用不著守護。老弟，你要到哪裏去？」

「我無處可去。除了雨季之外，我們僧人總是在行脚途中。我們總是不住地移動，今日此處，明日彼處。我們總是依戒修行，隨宜說法，化緣，而後繼續前進。說來天天在變，實際上一成不變。不過，悉達多，我倒要問問你，你要到哪裡去？」

悉達多答道：「老弟，我跟你一樣，也是無處可去。我才上路而已。我也要來一次行脚。」

高聞達說道：「你說你也要來一次行脚，這我相信。但請原諒，悉達多，可是看來你並不像一個行脚僧。你身上穿的是有錢人的衣服，你脚上著的是時髦人的鞋子，你留的是搽了香膏的頭髮——既不是苦行沙門的長髮披肩，也不是行脚僧的童山濯濯。」

「老弟，你看得非常真切；你的眼光非常銳利，看得可謂巨細靡遺。但我並沒有對你說我是一個苦行沙門，我只是說我也要來一次行脚而已。」

「你說你要來一次行脚，」高聞達說道，「可是沒見過要行脚的人穿著這樣的衣服，穿著這樣的鞋子，留著這樣的頭髮。在下浪跡多年，還沒有見過這樣一位行脚人。」

「高聞達，我相信你說的是真語，實語，如語，一點不假。可是你今天却見到一個身著此種衣履的行脚人。高聞達，我的好友，不要忘了，現象世界變幻無常。服飾和髮式尤其變幻無常。我們的頭髮和形體就是無常的本身。你說得很對，我是穿著富人的衣服。我之所以穿著富人的衣服，因為我不久之前還是一個富人；而我之所以留著時髦的頭髮，也是因為我不久之前曾是一個時髦的俗人。」

「那麼，悉達多，你現在是個什麼人呢？」

「我不太清楚；我所知的不比你多。我在途中。我曾是一個富人，而今不是了，而明天是個什麼，我還不太清楚。」

「你已失去財富了？」

「我已失去財富了，也許是財富已經失去我了——孰是孰非，我也無法確定。高聞達，現象的輪子轉得很快。婆羅門的悉達多而今安在？苦行沙門的悉達多而今安在？富人的悉達多而今安在、高聞達，無常迅速，時不待人。這點你是明白的。」

高聞達疑惑地凝視著他這位年輕時代的好友、久久無法離開。最後，他終於向悉達多鞠了一躬，好像他是達官貴人似的，然後，便轉身上路了。

悉達多微笑著目送他這位好友離去。他仍然喜愛這位忠實而又性急的朋友。當此之際，在他睡完這個微妙的大覺之後，在他完全與「唵」字冥合的這個燦爛時刻，他怎麼禁得住不愛人、不愛物呢？這正是在他睡著而為此「唵」所充滿時所發生的法力——他愛一切，對於他所見所聞的一切無不充滿喜悅的愛心。而這在他看來，正是他以前何以那樣有欠健全的道理——因為他既不愛人，更不愛物。

悉達多帶著微笑望著那個飄然離去的僧人。他這一覺使他恢復了精神，但也使他感到非常的飢餓，因為他已有兩天沒進飲食了，而他能夠輕易打發飢餓的時代也早已成為過去了。說來雖然不免有些煩惱，但他仍然帶著微笑回憶了這個已成過去的往事。他記得那個時候他曾對渴慕樂吹噓他的三件法寶：斷食，等待，以及思索，並說它們是戰勝一切的高尚技藝。這些東西曾經一度是他的財寶，是他的本領，是他的氣力，是他的貼身拄杖。他在勤勉苦修的青年時代所學的東西，就只三件法寶。如今這些功夫已經完全失去，一樣也沒有保住：斷食固然很難，等待更乏能耐，而思索更是不知從何做起。他已將它們換成了邪惡之極的東西，換成了虛幻之極的無常，換成了感官的慾樂，換成了高等的生活程度和財富。他所走的是一條怪異的道路，而且走了很久。而今看來，他似乎已經真的成了一個凡夫俗子了。

悉達多想了想他這種處境，發現到他已經變得難於思索了；實在說來，他已沒有思索的意願了，但他還是勉強逼他自己好好思索一番。

如今，他在心裏想道，所有這一切變幻無常的物事又皆離我而去了，我又像幼時一樣站在太陽之下了。沒有一樣東西是我的，我什麼也不知，什麼也沒有，什麼也沒學。奇哉，奇哉！而今，當我不再年輕時，當黑髮漸灰時，當氣力漸衰時，而今，我却又開始變得像個孩童了。他禁不住又笑了起來。對，他的命運太奇怪了！他在倒退，而今，他又立足世間，空空如也，寸絲不掛，一物不曉。但他並未因此感到悲哀；相反的，他却直想大笑，笑他自己，笑這個人間的怪誕愚癡！

萬物皆在與你一起倒退哩，他對自己說道，不覺笑了起來，而他在如此說的當兒瞥了一下河水，看到河水也在不斷地倒流著，愉快地吟唱著。這使他高興極了，高興得直是向著河水點頭微笑。難道這不就是他要淹死自己的那條河麼？——那是幾百年前的事情？還是他在夢中夢到的幻象？

他的生活曾是多麼奇怪啊，他如是想道。他曾在種種奇怪的路上徘徊。兒童時代，我專誠於諸神和祭禮。少年時代，我致力於苦行，致志於思索和禪定。我追求過大梵，禮敬過神我中的永恆。青年時代我被贖罪的觀念吸引。我生活在林莽裏面，忍受酷熱和嚴寒之苦。我學過斷食，我學過征服自己肉體的功夫。而後，我又驚異地發現大覺世尊的教理。我不但曾經感到人間的知識與融和像我自己的血液一樣周流我的全身，而且亦曾感到不得不離開偉大的佛陀和他的大智。我離開世尊，去向渴慕樂學習愛的藝術，向渴慕斯華美學習經商賺錢的門路。我曾聚過不少錢財，我曾耗掉大把金錢，我曾學過品嘗美味，我曾學過刺激我的感官。我得像那樣花費多年的時光，才能丟開我的機智，才能放開思索的能力，才能忘掉萬法歸一的觀念。我要經過那樣迂緩而又曲折的歧途，才能從一個成人變成一個童子，才能由一個思想家化成一個平常人，可不是麼？然而這條路並沒有走錯，而我心中的那隻鳥也沒有死去。可是，這曾是一條多麼奇怪的道路啊！我得經歷那麼多的蠢事，那麼多的邪惡，那麼多的謬誤，那麼多的憎惡，幻滅，以及痛苦，這才能夠復歸童真而開始更生。然而這條路並沒有走錯；我的眼目和心靈都在為此歡呼。我得經歷絕望，我得沉入心靈的最大深處，生起自殺的念頭，才能體驗慈悲的精神，才能復聞「唵」字的妙義，才能再度大睡一覺而精神勃勃地醒來。我得重做一次愚人，才能發現我自己心中的神我。我得沉淪，才能復活。我的這條道路將把我帶向何處？這是一條愚蠢的道路，它以迂迴的方式進行，甚或只是繞著圈子轉來轉去，但不論它究竟怎麼走法，我都要依而行之，追隨到底。

他感到一種巨大的喜樂在他的心中昇起。

這種喜樂從何而來呢？他如此自問道。為何會有如此大樂之感？是出自對我有益的充足睡眠麼？還是出自我念的「唵」字真言？抑或是因為我的逃逸，因為我的完成出離，因為我終於又得自由自在而像一個童子一般立足於蒼穹之下？啊，這種出離，這種解脫，真是太好了！在我離開的那種地方，總是充塞著髮油，香料，奢侈而又怠惰的氣息。我是多麼憎惡那種吃喝玩樂的金錢世界！我竟然在那種地方滯留了那麼久的時間，實在可恨！我曾多麼憎惡我自己，我曾橫阻，毒害，磨折我自己，使我自己變得又老又醜。我怎麼也不會像以前那樣愚蠢地把悉達多看作一個聰明人了。不過，我總算做對了一件事情，這使我非常高興，使我不得不予讚美——而這便是我已結束了那種自我憎惡的心境，結束了那種愚癡的空虛生活。悉達多，我推獎你，做了這麼多年的蠢事之後，你終於又有了一種善念，你終於完成了某種事情，你終於又聽到了你那心中之鳥的吟唱，並且追隨它的引導了。

因此，他讚賞他自己，對他自己表示滿意，因而好奇地聽了他那隆隆作響的飢腸。他覺得他已在過去那段時間中徹底品嘗、同時也捨棄了那份苦惱，徹底品嘗同時也捨棄了那份不幸，他覺得他那時已經耗損到絕望與致命的程度。不過，現在那些皆已過去了，一切都已好轉了。假如沒有發生這種情形，假如沒有那種完全絕望的時刻，假如沒有俯身那條河流上面、準備自殺的緊張關頭，他如今也許還跟渴慕斯華美在一起廝混，也許還在拚命謀財，大把花錢，弄得腦滿腸肥而心虛靈弱哩；他也許還要在那種裝飾美麗而又柔軟舒適的地獄裏住上一段很長的時間哩。不過，他曾經歷的那種絕望之情，他曾面對的那種噁心之境，並沒有折服他，並沒有壓垮他。那隻會唱的鳴禽，那道清澈的源頭活水和聲音，仍然活在他的心中——這就是他何以那樣高興的原因，這就是他何以那樣大笑的原因，這就是他那一頭灰髮下面的那張面孔何以顯得光彩洋溢的原因。

凡事親身體驗一番，確是一件好事，他在心裏說。我自幼就聽人家說，享受世俗的快樂和財富，都不是好事。這個道理我早就知道了，但直到最近我才有了切身的體驗。而今我對此點之所以有了確實的認識，並非用我的頭腦和知識，而是用我的眼睛，用我的心靈，用我的胃腸。我能明白此點，真的是一件好事。

他將他內心的這種轉變想了很久，聽到那隻鳴禽在他的心中快快活活地歌唱著。假如他心中這隻鳥兒已經死掉的話，他自己是不是也會滅亡呢？不會，他心中以外的某種東西已經死掉了，他曾久久渴求的某種東西當會消滅。這豈不就是他在熱烈苦修的那幾年裏曾經想要摧毀的那個東西麼？這豈不就是他的自我麼？豈不就是他那渺小、膽怯而又自負的自我麼？豈不就是他與之苦鬪多年、總是將他打敗、每次總是一再抬頭、刼去他的快樂而使他滿懷畏懼的那個自我麼？這豈不就是今天終於在這快樂的河邊林中死去的那個東西麼？他如今之所以能夠像個童子似的滿懷信心與快樂而無所畏懼，豈不就是因為它的敗亡麼？

現在，悉達多同時體會到，他在做婆羅門和苦行沙門時與此自我苦鬪，何以白費功夫的原因了。太多的知識妨礙了他的真智；他讀了太多聖詩，做了太多的祭儀，做了太多的苦行，做了太多的作為和努力。他曾妄自尊大，一直認為自己聰明絕頂，是最急切的真理追求者——總是認為比人領先一步，總是以為自己是個飽學的智者，總是以為自己是個卓越的祭司或聖人，而不知這正是他的障礙。他的自我已經鑽進了此種祭司裏面，鑽進了此種傲慢裏面，鑽進了此種知解裏面；他自以為已用斷食和懺悔的辦法將它摧毀了，實際上却在其中潛滋暗長。而今他不但已經明白，而且實實在在體會到，他那內在的聲音一向沒錯，任何導師都沒法使他得救，給他解脫。這就是他何以要進入世間、隨俗浮沉、縱身於權勢、女人、以及金錢的原因；這就是他何以要做一個商人，要做一名賭徒，要做一個醉鬼和財主，直到在他心中的祭司和沙門亡故的原因。這就是他何以要經歷那些可怖的歲月、忍受令他憎恨的噁心、接受空虛無益之瘋狂生活教訓、直到終點，直到他抵達痛苦絕望的頂點、以使享樂販子的悉達多和身為財主的悉達多得以死亡的原因。而今他不但已經死過了，而且，一個新的悉達多也已從他的睡夢之中醒過來了。雖然，他也會衰老，也會死亡，因為，悉達多也是無常不實的，一切萬法悉皆無常不實，然而今天他是年輕的，他是一個童子——他是新生的悉達多——因此，他非常快樂。

這些念頭掠過了他的心頭。他微笑著傾聽他的飢腸轆轆，他感激地傾聽著蜜蜂的嗡嗡。他愉快地注視著那條流動的長河。從來沒有一條河對他有過如此的吸引力。

他從未發現過流水的聲音和面貌如此美麗。他感到這條河似乎要對他透露某種特殊的消息，要對他透露他仍未知道的某種東西——仍在等待著他的某種東西。悉達多曾要將他自己淹死在這條河裏；而今，那個疲憊而又絕望的舊悉達多果真淹死在它裏面了。新悉達多如今對這道流水感到了一種深切的感情，因而決定不再像以前那樣匆匆離它而去了。

【譯　註】

①「唵」(Om)字真言，此詞已在前面第一章「梵志之子」譯註④中做過不少解釋，但仍然不見其妙，而它却是本書一個重要的關鍵字，不可一筆帶過。今試補充說明之。先補釋「真言」或「神呪」(mantra or dhā-rani or rddhi-mantra)的意思。佛學大辭典釋云：梵語曼怛羅，是如來三密中語密也。總謂法身佛之說法，別云陀羅尼，簡稱呪：意謂總持，總持一切法也；又名神呪，為神秘之呪語也；又稱密呪，為祕密之神呪也；又稱密言，密語，咒明，等等，其意可知。大日經疏一曰：「真言者，梵言漫怛羅，即是真語、如語、不妄、不異之音。龍樹釋論謂之祕密號，舊譯曰呪，非正翻也。」是釋摩訶衍論中所說五種言語之第五如義語也。顯教謂真如言語道斷，而依前四種之語，則真言即以如義語真如上說也。然則真語者，

說真如之語也（是日本臺密之義），真實之語也，又真率正直之語也（是日本東密之義）。如語者，又說真如也。真實如常之語也。此二者對於顯教之假名語而言。不妄者，誠實不虛之語；不異者，決定不二之語。此二者對於凡夫之虛語兩舌而言。大日經二曰：「一切法界力，隨順眾生，如其種類，開示真言教法。」同經疏七曰：「如來一切言說，無非真言故。」又曰：「一一聲、字，即是入法界門故，得名為真言法教也。至論真言法教，應遍一切隨方諸趣名言，但以如來出世之始迹於天竺，傳法者且約梵文作一途明義耳。」而顯教諸宗依印度古來相傳，以為梵語係大梵天創造者，然密教就之立三重之祕密釋以解之。第一祕密釋，大日如來釋之。大日如來於色究竟天成道，始於此說阿字真言，後梵天降世說之，世人不知其本，以為梵天創造也。第二祕密中之祕釋，阿字自說之。第三祕密中之祕釋，真如理智自說之。大日經供養疏下曰：「問：誰說阿字？答：祕密釋，毘盧遮那佛說，本不生故。二祕中祕密釋，阿字自說，本不生故。祕密中祕密釋，本不生理自有理智自覺，本不生故。」大日經一曰：「此真言相非一切諸佛所作，不令他作，亦不隨喜，何以故？是諸法法爾如是故。若諸如來出現，若諸如來不出現，諸法法爾如是住，謂諸真言真言法爾故。」同疏七曰：「此真言相，聲、字皆常，常故不流，無有變易，法爾如是，非造作所成。」東密依此文謂梵文為本有常住云。又顯教稱佛、菩薩之言教，亦謂之真言。安樂集上曰：「採集真言，助修往業。」真言通分五種：一、如來說，二、菩薩金剛說，三、二乘說，四、諸天說，五、地居天說。又通前三種名為聖者真言，第四名為為諸天眾真言，第五名為地居天（龍、鳥、修羅之類）真言，亦可通名為諸神真言，但有淺深相違耳。見大日經疏七。又，陀羅尼條云：又曰陀羅那，陀鄰尼，譯作「持」，「總持」，「能持」，「能遮」。以名持善法不使善。持惡法不使起之力用。分之為四種：一、法陀羅尼，於佛之教法聞持而不忘也，又名聞陀羅尼。二、義陀羅尼，於諸法之義總持而不忘也。三、咒陀羅尼，依禪定發祕密語，有不測之神驗，謂之呪。呪陀羅尼者，於呪總持而不失也。四、忍陀羅尼，於法之實相安住謂之忍，持忍名為忍陀羅尼。聞、義、呪、忍之四者為所持之法也。由能持之體言之，法、義二者以念與慧為體，咒以定為體，忍以無分別智為體。見智度論五法界次第下之下，及瑜伽略纂十二。又釋呪陀羅尼云：此乃四種陀羅尼之一，真言教之所謂陀羅尼也，佛、菩薩從禪定所發之祕密言句也。陀羅尼者，總持之義。總持有二釋：一就人，一就法。就人釋者，佛、菩薩之定力，能持佛呪之功德，故名持，如上四種釋中所釋者是也。見大乘義章。就法釋者，神呪之言句，總持無量之文義，無盡之功德，故名持。佛地論五曰：「於一法中持一切法，於一文中持一切文，於一義中持一切義，攝藏無量功德，故名無盡藏。」發無量陀羅尼之禪定，名為陀羅尼三昧。智度論四十七曰：「得是三昧故，聞、持等陀羅尼皆自然得。」諸經中顯此呪陀羅尼有五名：一、陀羅尼，二、明，三、呪，四、密語，五、真言。此中後四者為義翻也。見祕藏記本。以上補釋「真言」或「神呪」，取材自佛教辭典，也許比較間接；以下補釋「唵」字本身，取材自印度古奧義書，也許比較直接。下引數語出自「聖都格耶奧義書」(Chandogya Upanisad)，似乎是「唵」字的「起源」故事：

造物主安息於賦生的禪定之中，瞑觀他所創造的諸種世界，而從這些世界之中生出三種吠陀。他安於禪觀之中，而從這些吠陀之中生出三種音聲：地(BHUR)，風(BHUVAS)，空(SVAR)。他安於禪觀，而從這些音聲之中生出「唵」這個聲音。正如一切樹葉出自樹枝一樣，一切語言出自「唵」這個聲音。「唵」就是這整個宇宙。真的，「唵」就是這整個宇宙。

下引數語出自「曼都克耶奧義書」(Mandakya Upanisad)，似乎詮釋了「唵」字的內在「密意」：

唵！整個宇宙就是這個「唵」字。下面是這「唵」字的解釋。

過去，現在，以及未來的一切，都是這個「唵」字。超越時間，空間，以及因果的那個，也是這個「唵」字。

所有這一切，見於此處，彼處，以及一切處的，不論什麼，莫不是梵。這就是自我，神我，大梵，絕對的實相。這個自我有四個層面。

第一個層面是梵斯梵那羅(Vaisvañara)，為清醒狀態。在此狀態之中，意識轉向外境，以它的七種工具和九個管道經驗現象世界。

第二個層面是塔迦娑(toijasa)，為做夢狀態。在此狀態之中，意識轉向內部，亦以其七種工具和九個管道體驗精微的心理印象。

第三個層面是般若(Prajña)，為熟眠狀態。在這個狀態之中，既無欲望，亦無夢想，所有一切的感受都融入了無分別智的完整合一之中。其人不但滿懷喜悅，受用妙樂，而且可以認識上述兩種狀態。

這些意識境界的體驗者是一切之主。這個能知一切，從內指導一切；這個是萬法的子宮，一切萬法皆從此出，皆歸其中。

第四個層次是都利耶(Turiya)。在這個狀態中，意識既不向外，亦不向內。它沒有分化，沒有分別，超於認知與不知的限域。這個境界既不可以感官知覺予以體驗，亦不可以比喻或推論而知；它不可理解，不可思議，不可描述。這是「淨識」(Pure Consciousness)。這是「真我」(the real self)。它是一切夢象的歸處，它是寂靜，是極樂，獨一無二。這個真我應予體現。

這個曾被形容含有四種狀態的「淨識」，不可分割。它就是「唵」(Om，讀作Aum)。A-U-M(ah, ou, mm)音與A,U,M字，即是清醒，作夢以及熟睡的三種狀態，而這三種狀態就是這三個音聲和字母。但這第四種狀態，是隱藏而不可知的境界，祇能在寂靜中默默體認。

在清醒狀態體驗的意識，是構成「唵」字的第一個字母「阿」(A)。此「阿」遍佈其他一切音聲，如果沒有這第一個字母「阿」，你就無法念出「唵」字，同樣的，如果沒有此種清醒狀態，你就無法明白其他意境。了知這個真相的人，有願皆成，功不浪施。

在做夢狀態體驗的意識，是構成「唵」字的第二個字母「烏」(U)。此係界於清醒與熟眠狀態之間的一種高等境界。了知這個精微境界的人，其本身優於他人，其家所生之人可通於梵。

在熟睡狀態體驗的意識，是構成「唵」字的第三個字母「姆」(M)。達到這個微妙境界的人，能夠了悟其內在的一切。

這個不可以一般心識和感覺得而知之的意識層次，是「唵」的無聲層面，是消融一切現象乃至苦樂之感的境界，是獨一無二(advaita or advaya)的境界，名為真我，亦稱第四境界。到達這個境界的人，他的自我意識便擴展而成宇宙意識(The Universal Consciousness)。

下面所引各節（亦出「曼都格耶奧義書」），似乎是觀想「唵」字真言的「妙用」：

優笈多讚歌說，應該觀想「唵」字，因為，吟誦優笈多讚歌的人，從「唵」開始。下面是解釋：

一切眾生的實質是土；土的實質是水；水的實質是植物；植物的實質是人；人的實質是語言；語言的實質是梨俱，梨俱的實質是娑摩；娑摩的實質是優笈多，亦即是「唵」。

「唵」是八種實質的頂點，至高無上。

梨俱是什麼？娑摩是什麼？優笈多是什麼？

梨俱是語言，娑摩是氣息，優笈多是「唵」。語言與氣息，梨俱與娑摩，各成一對。

它們在「唵」中結合。它們在結合時滿足彼此的需要。

明白此理並觀想「唵」字的人，就成了得以滿足的人。

「唵」字表示同意，同意某件事情就說「唵」。因為同意就是予以滿足。明白此理並觀想「唵」字的人，就成了意願的滿足者。

「唵」字發動三件事：主持祭司命令行祭時先念「唵」字，讚頌祭司朗誦讚歌時先念「唵」字，歌詠祭司吟誦娑摩時先念「唵」字。所有這些，都是以「唵」字的至高實質來推崇不朽的原人。

這就是「唵」字的妙用。

由以上可知，「唵」字的修法有念誦和觀想之二種（或加手印合為三種），本書所指，似為念誦法。有一個譯本解釋云：

……持續不斷地念「唵」，使「A」與「U」合成一音(O)而融入「M」，復從「M」放射而出，將「唵」念成「OMOMOMOM」(或唵唵唵唵——讀作「唵——」或「嗡——」）……

② 釋迦牟尼佛(The Buddha of Sakyamuni)：釋迦為佛陀的族名，意為「能仁」，牟尼是聖者的稱號，釋為「寂默」，合為「能仁寂默」，是大覺世尊的稱號，亦作釋迦文尼，禪伽文，

釋迦尊，簡稱釋尊，世稱「儒、釋、道」三家之釋字，即由此而來。佛在金剛經中對須菩提說：「若有法如來得阿耨多羅三藐三菩提（無上正等正覺）者，然燈佛則不與我授記：『汝於來世當得作佛、號釋迦牟尼。』以實無法得阿耨多羅三藐三菩提，是故然燈佛與我授記，作是言：『汝於來世當得作佛，號釋迦牟尼。』何以故？如來者，即諸法如意……」參見本書第二章「入山苦修」譯註②，③，④，⑤，⑥各條所述。

渡人自渡

我要留在這條河邊，悉達多心裏如此想。這就是我以前入城之前曾經渡過的一條河，那時有一位態度友好的擺渡人，渡我過來。我要去找他。我從前從他的茅舍出發，踏上一種新的生活之道，但那種曾是新生活的生活已經老了、死了，我現在的新生之道仍要從那裏開始！

他親切地注視這條河流，注視它那一片澄澈的碧綠，注視它那晶瑩的美妙花紋。他看到水底昇起一粒粒的明亮珍珠，一粒粒的水泡在光潔的鏡面滑動，每一粒都反映著天空的湛藍。而這條河也在注視著他，也在以它的成千眼睛注視著他——以它那些綠色的眼睛，白色的眼睛，水晶的眼睛，天藍的眼睛注視著它。他多麼愛這條河啊！它是多麼令他銷魂啊！他對它是多麼感激呀！他聽到那個剛剛覺醒的聲音在他心中輕輕絮語著，並且對他說道：「愛這條河，留在它的身旁，向它學習吧！」是的，他要向它學習，他要聽它現身說法。在他看來，只要參透這條河和它的祕密，就會體會到更多的祕密，乃至通曉所有一切的祕密。

但，他今天只看出它的一個祕密——一個抓到他的癢處的祕密。他看出這條河繼續不斷地流著，流著，然而它仍在那裏，並未流失；它總是保持著老樣子，然而它又時時更新，沒有一瞬的停滯。此中奧妙，有誰可以明白？有誰可以想像？他還沒有明白它的奧妙；他只感到一種隱約的疑情，一種恍惚的記憶，以及一些神聖的音聲而已。

悉達多站起身來；饑餓的苦悶已經使他變得難以招架了。他痛苦地沿著河岸漫步，諦聽河水發出的潺潺聲，諦聽饑餓從他胃中傳出的啃蝕聲。

當他到達渡口時，那艘渡船恰好也到了那兒，而從前曾渡青年沙門過河的那位擺渡人，也正站在船上等他，悉達多仍然認得他，只是他已老了不少。

「願意渡我過去麼？」他問。

擺渡人見到這位儀表出眾的人居然獨自步行，頗為訝異地讓他上了船，划了開去。

「你揀了一種美好的生涯，」悉達多說道。「住在這條河的附近，每日在它上面飄來飄去，情形必然不錯。」

「是的，先生，如你所說，確是不錯。不過，行行業業，不是也各有好處麼？」

「也許，不過我却羡慕你這一種生活。」

「哦，你不久就會對它乏味的。這一行不是錦衣玉食的人可以幹的活兒。」

悉達多笑了起來。我這一身衣服，今天不但已經使我受到了批評，同時也受到了懷疑。我已經對這些衣服感到厭倦了，請你收下好麼？因為，不瞞你說，你渡我過河，我却沒有錢付你渡資哩。」

擺渡人笑道，「你這位先生真會開玩笑。」

「朋友，我並不是開玩笑。你以前曾渡我過這條河沒收渡資，這回以衣服當渡資，一併收了吧！」

「難道這位先生光著身子走路不成？」

「我不想再走了。我倒希望你能給我一些舊衣服，並且留我做你的助手，或者收我當你的學徒，因為我得跟你學習操舟的技巧。」

擺渡人將這個陌生人仔細地打量了一番。

「我認出你來了，」他終於說道。「你曾在舍下住過一宿。那是很久以前的事情了，差不多有二十多年的時光了。那時我將你渡過這條河，分手時我們成了朋友。

你那時不是一個苦行沙門嗎？我記不起你的大名了。」

「在下名叫悉達多，跟你分手時曾是一名沙門。」

「噢，悉達多，歡迎光臨。在下名叫婆藪天①。我希望你今天願意在舍下作客，同時在舍下過宿，說說你的來處和厭惡這些上好衣服的原因。」

他們已到河心當中，因為水流較急，婆藪天正在使勁地划著船。他一面注視著船頭，一面以一雙強壯的臂膀划著。悉達多坐在船上望著他，想起他在結束沙門生活之前曾對這位擺渡人有過好感。他滿懷感激地接受了婆藪天的邀請。等到船抵岸邊時，他立即幫他將船繫妥。於是婆藪天將他引入他的茅舍之中，給他拿了麵包和開水。悉達多吃得津津有味，婆藪天拿給他的芒果，他也吃了下去。

不久，太陽開始下山，他們便到河邊的一根樹幹上面坐下，而悉達多便開始數述他的出身和生活情形，以及今天如何在絕望的時候來到此地。娓娓道來，這個故事說了很久，直到夜深。

婆藪天聚精會神地諦聽悉達多一五一十地數述著，聽他述說了他的家世，他的童年，他的學習，他的追求，以及他的享樂和需欲。這位擺渡人最大的美德之一，就是善於聆聽別人說話，這是很少人能夠辦到的事。縱使他一聲不吭，說話的人也會感到他在安靜地等待著，句句都聽得明明白白，一個字也不會聽漏。他既不誇獎，亦不貶責，更不急切難耐地等待什麼——只是安靜耐心地諦聽著。悉達多覺得，能有這樣一個可以專心聆聽別人生活、掙扎、和煩惱的聽眾，真是太好了。

而當悉達多的故事告一段落，說到河邊那棵樹，說到他的無限絕望，說到神聖的「唵」字真言，以及大睡之後醒來對這條河生起了說不出的愛意時，這位擺渡人更是加倍的注意，閉起眼睛，完全專心一意地諦聽著。

等到悉達多說完，停了很長一段時間，婆藪天這才開口說道：「正如我所想的一樣，這條河對你說話了。並且，它對你滿好的；它還在對你說話哩。很好，很好，非常很好。留下來與我一道吧，悉達多，我的朋友。我曾有過太太，她的床就在我的床邊，不過她過世已經很久了。我一直過著孤家寡人的生活。來跟我同住吧；這裏住的和吃的，都夠我們兩個使用。」

「謝謝你，」悉達多說道，「恭敬不如從命，你的好意我接納了，謝謝你。並且，我還要感謝你，婆藪天，你真是個好聽眾，太善於聽人說話了。善於聽人說話的人很少，直到現在，我還沒有碰到一個像你這樣善體人意的人。這是一種美德，我也要向你學習。」

「你會學到的，」婆藪天說道，「不過，不是向我學。我向這條河學會諦聽；你也可以向它學。這條河無所不知，你什麼都可以跟它學。你已向這條河學了不少東西，不妨繼續努力向下探求，深入其中，探入源底。富有而不俗氣的悉達多要做一個舟子；飽學的婆羅門悉達多要做一個渡子。這也是你跟這條河學來的。既能學到這點，別的東西自然也會學到。」

頓了好一陣子，悉達多終於問道：「婆藪天，你說別的東西，是指什麼？」

婆藪天立起身來。「時間不早了，」他說。「咱們睡覺吧。我的朋友，我沒法對你說明這別的東西是什麼。你自己會發現的，說不定你已經曉得了。我不是一個學者，我不曉得怎樣說怎樣想。我只曉得怎樣聽話和怎樣正心誠意；不然的話我就什麼也學不到了。如果我能言善道的話，也許就當教書先生了，但事實上我只是一個擺渡人，而擺渡人的工作只是載人渡過這條河罷了。我已渡過成千累萬的人，對於這些人而言，我們這條河只是他們旅途上的一道障礙而已。他們出門旅行，不是為了金錢事業，就是為了婚姻，再不然就是朝聖求福求壽；而這條河正好阻擋他們的去路，因此才要擺渡人盡快使他們跨過這個障礙。不過，在這成千累萬的人中，也有少數幾個人——不過四、五個而已——不把這條河視為一種障礙。他們聽到了它的教言，並且依教奉行，因此，對於他們，這條河也就成了神聖，就像對我一樣。悉達多，咱們上床睡覺吧。」

悉達多與這位擺渡人待在一起，學習如何照顧渡船，並在無人求渡的時候跟著婆藪天到稻田裏面芟除雜草，或到菓園裏面去採香蕉。他學習怎麼做槳，怎樣修繕渡船，怎樣編製竹簍。他對他所做所學的每一件事情莫不興趣盎然，故而不覺日月如梭，過得很快。但他從這條河流學到的東西，比婆藪天所能教導的還多。他孜孜不息地向它學習。最重要的是，他向它學會了如何聆聽，如何平心靜氣地諦聽，如何心胸開敞地諦聽，既不煩倦，亦不希求什麼，既不批評，亦不亂提意見。

他與婆藪天生活在一起，非常快樂，但很少說話，偶爾交談數語，也是經過深思熟慮之後才說出口。婆藪天是位閑靜少言的朋友，不喜歡說話嘮叨。悉達多縱然有意逗他說話，多半也是枉然。

有一次，他問婆藪天：「你也從這河學到世間沒有時間這種東西的祕密了吧？」

婆藪天的臉上綻開了爽朗的笑容。

「是的，悉達多，」他答道。「你的意思是說，這條河在同一個時間遍存於每一個地方——同時在源頭，在河口，在瀑布，在渡頭，在中流，同時在海洋，在山嶽，無所不在，並且，不僅如此，現在的一切——既不是過去的影子，也不是未來的陰影——亦只有為它而存在。你的意思是不是指這個？」

「正是，」悉達多說道，「我一旦領悟了這個道理之後，便將我的平生做了一番回顧，結果發現我的生活也是一條河——少年的悉達多，成年的悉達多，以及老年的悉達多，殊無二致，間隔的只是影子而不是實際。悉達多前生前世的生活也不在過去，而他的死亡乃至復歸於梵，也不在未來。沒有過去，沒有未來，一切皆真，只有現在。」

悉達多愉快地訴述著。這個發現使他感到樂不可支。如此說來，所有一切的煩惱，豈非都不在時間之中了麼？所有一切的自我折磨和恐懼，豈非都不在時間裏面了麼？一個人一旦征服了時間，一旦放逐了時間，豈不就是征服世間一切的困難和邪惡了麼？他興高采烈地傾述著，但婆藪天只是神采飛揚地對他微笑著，只是以點頭表示他的同感。他拍拍悉達多的肩膀，轉身回到他的工作崗位。

還有一次，時逢雨季，河水暴漲，整日奔騰怒吼，悉達多見了說道：「我的朋友，這條河流真有許許多多的聲音，可不是麼？它有君王的聲音，有戰士的聲音，有公牛的聲音，有夜鶯的聲音，有孕婦和哀傷之人的聲音——總而言之，它有成千上萬的聲音。可不是麼？」

「確實是，」婆藪天點頭答道，「所有一切生物的聲音莫不含在它的聲音裏面。」

「還有，」悉達多繼續說道，「在一個人能夠在同一個時候聽出它的一萬種聲音的當兒，它所發出的一個字音是什麼？你知道嗎？」

婆藪天聽了開懷大笑；他俯下身子對著悉達多的耳朵輕輕念出了那個神聖的「唵」字。果然不錯，這正是悉達多聽出的那種聲音。

隨著時間的轉移，悉達多的笑容愈來愈像婆藪天的笑容了，幾乎跟婆藪天一樣地光采洋溢，幾乎跟他一樣地充滿喜悅，一樣地煥發著成百成千的細小皺紋，一樣地孩子氣，一樣地老態龍鍾了。許許多多的過往行人，看到他倆形影相隨的樣子，都以為他們是兄友弟恭的手足。到了晚上，他倆常常一同坐在河邊的那根樹幹上面，靜靜地諦聽流水的聲音，但這對他們而言，並不只是流水的聲音而已，同時也是生命的聲音，也是神明的聲音，也是變而不變的聲音。並且，有時還會發生一種情形，他倆在同聽河水的當兒同時想到一件事情——也許是頭一天對談的某一句話，也許是使他倆感到可憐的某個行人，也許是死的問題，也許是他們的童年；而當他倆同時聽到河流所說的福音時，他們更因有了同感而彼此對視一下，因為對於同一個問題提出同樣的答案而感到快活異常。

許許多多的來往過客，都感到這個渡口和這兩位擺渡人的身上放射著某種神秘的東西。不時發生的事情很多：有時候，一個行人見了這兩位擺渡人之後，就情不自禁地訴說自己的生平和煩惱，並向他們懺悔本身的罪過，請求安慰和開示。有時候，一位旅客請求允許與他倆共度一個黃昏，以便向他們學習聽水觀河的法門。有時候，有些好奇的人士，由於聽人說起渡口住著兩位智者，術士，或者聖人，因而特來探訪，提出許許多多奇奇怪怪的問題，但他們所得到的只是微笑，而不是什麼神奇奧妙的答語，結果毫無所得；因為他們所見到的只是兩個和藹的老人，好像啞巴一般，古怪而又愚笨，既不會玩弄法術，更不會談玄說妙；因而他們大笑而回，笑人們何其愚蠢，居然傳出這樣荒誕的謠言。

歲月如梭，誰也不知過了多少年。一天，有些僧人，說是大覺世尊的弟子，前來渡口，請求渡河。這兩位擺渡人聽說，他們要盡快趕到他們的導師身邊，因為消息已經傳出，世尊示疾②，不久即般涅槃③而得解脫④。不久之後，又有一批僧侶來到，接著又是一批，而這些僧侶以及絕大部分的旅客，都不說別的，只談世尊的即將入滅⑤。人們從四面八方來到，好像參加遠征軍或出席加冕禮似的，又像一羣羣的蜜蜂被某種磁石吸聚而來一般，人嘲洶湧地走向大覺世尊示寂⑥，一代救主進入永恒之境的地方。

當此之際，悉達多對這位即將入寂⑦的聖人頗多思念，因為他曾以敬畏的心情瞻仰過他的聖顏，曾經親耳恭聆過他那警醒千萬世人的法音。他懇切地思念著他，想起了他所說的解脫之道，而當他憶起他年輕時對世尊所說的話時，不禁啞然失笑。他那時所說的那些話，如今想來，不但有些妄自尊大，簡直有些言之過早。但他感到，很久以來，他在精神上一直與佛陀未曾分離——儘管在形式上未能接受他的言教。沒有錯，真正的真理追求者是不能接受任何教言的；真的，假如他真想發現真理的話，任何教言都不能放在心中的。但他一旦發現之後，那就不妨隨喜讚歎每一條道路和每一種目標了；到了那時，他與那成千上萬活在永恒之中的聖者，就不但不相分離，而且可謂同一鼻孔出氣了。

一天，正當大批大批的人潮前去朝謁即將入寂的佛陀之際，曾經一度是鶴立雞羣的艷妓渴慕樂，也跟著踏上了她的參拜之途。她不但早就收藏艷幟，洗手不幹了，並且還將她的林園獻給了佛陀的僧團，而今更成了朝聖團中的一名居士兼施主。她一聽佛陀即將入滅，馬上就穿上樸素的衣服，帶著她兒子以行脚的方式步上道途。

她倆已經快到這條河邊，但她的兒子不久就變得不耐煩了；他一會兒吵著要轉回家，一會兒鬧著想要休息，一會兒又鬧脾氣要吃東西。他彆彆扭扭，一會兒陰陽怪氣，一會兒眼淚汪汪。渴慕樂只好不時停下來陪他休息。他一向嬌生慣養，經常違拗她的意志而行。她只得不時餵著他，不時哄著他，但也不時責罵他，但他總是沒法明白她的母親為什麼要做這種累人的旅行，為什麼要到一個陌生的地方，為什麼要去拜望一個雖然神聖、但已不久於人世的怪人。他不時在心裏發恨：他要死就讓他死好啦！跟我這個小孩又有什麼關係！

這兩個朝聖者就這樣斷斷續續地走到距離渡口不遠的地方。小悉達多又吵鬧著對他媽媽說他要休息了。實際上，渴慕樂自己也走累了，因此，趁他兒子休息吃香蕉的時候，她也就地蹲下身去，半閉著眼睛略事喘息，但她才蹲下不久，忽然發出一聲痛苦的驚叫。他的兒子嚇了一跳，轉頭朝她看去，只見她面色蒼白，充滿恐懼的神情。一條小小的黑蛇，在她的衣服下面咬了一口，溜走了。

她們母子兩個急忙向前奔跑，以便找人救助。正當她倆剛要抵達渡口的時候，渴慕樂因支持不住而倒在地上，再也無法前進了。孩子一面大喊救命，一面擁吻他的母親。她也掙扎著跟他一齊大聲叫喊，終於將他們的叫聲傳入了站在渡口的婆藪天耳裏。他迅即奔到她那裏，伸開兩臂將她抱起，轉身走回渡船。孩子緊緊跟在他的後面。不一會兒，他們便到了那間茅屋，而悉達多在那裏正要站起身來點燈。他抬頭看了一下，首先看到孩子的面孔，不期然地使他憶起了某件往事。接著，他看到了渴慕樂，立即認出了她，雖然，她在婆藪天的懷裏已經變得不省人事了。於是，他心裏明白了，使他憶起某件往事的那個孩子，就是他的嫡親兒子，因而情不自禁地心跳忽然急遽了起來。

他們替渴慕樂洗滌了創口，但它已經發黑了，而她的身體亦已有了浮腫的現象。他們給她灌了一些解藥，不久，她的意識也清醒了過來。她正躺在悉達多所睡的那張床上，並且發現她曾熱愛的悉達多正在俯身注視著她。她以為自己是在作夢，不覺微笑著凝視她這位情人的面孔。逐漸地，她明白了她的處境，想起了被蛇咬著的情形，因而焦急地呼喚她的兒子。

「不要擔心，」悉達多說道，「他在這兒哩。」

渴慕樂注視著他的雙眸。毒性已在她的身上發生作用，她感到說話有些費勁。「親愛的，你已老了呀，」她說。「你的頭髮都灰了，但你跟從前到我園中找我的那個青年沙門仍然一樣，沒穿鞋子，兩脚滿是塵土。你離開渴慕斯華美和我的時候更像那個年輕沙門。你的眼睛仍然像他，悉達多。啊，我也老了，老了——剛才你認出我了麼？」

悉達多微笑道，「我一眼就認出你了，親愛的渴慕樂。」

渴慕樂指著她的兒子說道：「你也認出他了吧？他是你的骨肉。」

她的眼神飄動了一下，然後閉了起來。孩子開始哭泣。悉達多將他抱到他的膝上，撫摸他的頭髮。他注視孩子的面孔，憶起了他幼年學過的一首婆羅門禱詞，於是緩緩地以一種吟詠的聲調背誦它，於是它的字句又從過去和童年回到了他的心中。孩子在他背誦禱詞的時候安靜了下來，不過仍在哽咽著，但不久就睡著了。悉達多將他安置在婆藪天的床上。婆藪天站在爐灶前煮飯。悉達多向婆藪天看著，向他微笑著。

「她不久於人世了，」悉達多輕聲地說道。

婆藪天點了點頭。他那一副慈祥的面孔映照著爐灶的火光。

渴慕樂再度清醒過來。她的臉上露著痛苦的神情；悉達多可從她那蒼白的臉上和嘴上看出那種痛苦。他脈脈含情地靜觀著，等待著，分擔著她的痛苦。渴慕樂明白此點；她的視線在搜索著他的眼睛。

她兩眼望著他說道：「我現在看出，你的眼睛也變了，變得大為不同了。我怎麼認出你仍是悉達多呢？你是悉達多，而你又不像他。」

悉達多沒有吭氣；他只是默默地注視她的眼睛。

「你已達到那個目標了？」她問。「你已發現寂滅⑧之樂了吧？」

他微笑著將他的手放到她的手上。

「果然，」她說，「我看得出來。我也要發現寂滅之樂了。」

「你已發現它了，」悉達多輕悄地說道。

渴慕樂定定地凝視著他。她本來想去朝見佛陀，瞻仰世尊的慈顏，從而沾取他的一分寂滅之樂，而她只見到悉達多，不過這也不錯，跟見到佛陀一樣好。她想將這句話對他說出，但她的舌頭已經不能如她所願了。她默默地注視著他，他看出她的生命正從她的眼中凋謝。當臨終的痛苦充滿而又離開她的眼中之時，當最後震顫掠過她的全身之際，他以手指替她闔上了眼皮。

他坐在那裏注視著她那副死寂的面孔，注視了良久良久。他久久地注視著她那張衰老而又疲憊的嘴巴和她那雙皺縮的口唇，並且憶起他曾在他的人生春天將它們比作新切的無花鮮果。他久久地凝視著她那張蒼白的面孔和那些疲憊的皺紋，並且看到他自己的面孔也像那樣一般蒼白，一般死寂，而他又在這同一個時間同時看到他和她的年輕面孔及其鮮紅的口唇和熱情的眼睛出現在他的眼前，而這又使他驚異地覺察一種當下眼前和同時存在的感受。就在這個時候，他更為深切地感到眾生的不滅之性和剎那的永恒之性。

待他站起身來時，婆藪天已經為他裝了一些米飯，但悉達多一口也沒有吃。這兩位老人在羊圈裏面舖了一些稻草，婆藪天躺下便睡了。悉達多步出門去，坐在茅舍的前面，整夜諦聽河水的說法，深深地沉入他過去的生活之中，同時受到各個時期的感動和包圍。但他不時立起身來，走到茅屋的前面，聽聽孩子是否仍在睡覺。

一大清早，太陽還沒出現，婆藪天就跑出羊圈，走向他的朋友。

「你還沒有睡覺，」他說。

「是的，婆藪天。我坐在這裏聽河說法。它對我說了不少東西，使我充滿了許多偉大的思想——許許多多一如不二⑨的意念。」

「悉達多，你歷盡了痛苦，但我看出悲傷並未侵入你的內心。」

「不錯，我親愛的朋友。我何必悲傷呢？我曾富有過，幸福過，而今更加富有了，更加幸福了。我已得了一個兒子。」

「我也歡迎你的兒子。不過，現在，悉達多，且讓我們去工作吧，要做的事兒可多哩。渴慕樂既然死在我妻病逝的床上，我們也得在焚化我妻的那座山上為她做個火葬場才是。」

於是，他們便在那個孩子睡著的時候到那座小山的上面去做火葬場了。

【譯　註】

① 婆藪天（Vasudeva），亦作「婆萸天」，係由婆藪或婆萸（Vasu）與天神（deva）兩字合成，婆藪意為善；財；甜；乾；自然現象的八種化身；八；太陽等等；克里希納神之父；被解釋為向天奉獻犧牲的第一人，曾被打入地獄，但經無數劫後，做了佛陀的弟子；也是天神毘瑟笯（參見本書第五章〈青樓艷妓〉譯註②。）的名字，又是人類所應侍奉的有情，例如父親等。佛教大辭典解云：「又曰婆萸」，仙人名，婆羅門中始殺生祭天，生墮於地獄，經無量劫，由華聚菩薩之大光明力救脫地獄，詣釋迦佛所。佛讚歎之，為眾說其大方便力。見智度論三，方等陀羅尼經一。

② 示疾（此詞意譯，直譯為重病）：依教理說，佛真法身，清淨無漏，故無生、老、病、死等事，而佛之所以現此等現象者，乃向眾生作現身說法之示現云耳。

③ 般涅槃（此詞意譯，直譯為死亡），中譯為入涅槃，詳見本書第二章〈入山苦修〉譯註①。

④ 解脫（此詞意譯，直譯為得救，係基督教用語，含意略別，故不取）。佛學大辭典釋云：離縛而得自在之義。謂解惑業之繫縛而脫三界之苦果也。又為涅槃之別稱，以涅槃之體，離一切之繫縛故也。又為禪定之別稱，如二解脫，三解脫，八解脫，不思議解脫，以脫縛自在者，禪定之德也，所有解脫身，解脫味，解脫門，解脫道，乃至解脫深坑，亦皆由此而來。所謂二解脫者，解有多種：一、有為解脫，為阿羅漢無漏之真智。二、無為解脫，是為涅槃。俱舍論二十五曰：「解脫體有二種，謂有為，無為。有為解脫謂無學勝解；無為解脫謂一切惑滅。」又，一、性淨解脫，謂眾生之本性清淨，無繫縛染污之相；二、障盡解脫，謂眾生之本性，雖為清淨，然由無始以來煩惱之惑，不得顯現本性，今斷盡此障惑，得解脫自在也。見寶性論五。又，一、慧解脫，阿羅漢未得滅盡定者，是為唯解脫涅槃之智慧障者，故曰慧解脫。二、俱解脫，阿羅漢得滅盡定者，是為解脫慧與定之障者，故曰俱解脫。見成實論分別賢聖品。又，一、時解脫，鈍根之無學，待勝時而入定、及得解脫煩惱之縛者；二、不時解脫，利根之無學，不選時而入定、及得解脫煩惱之縛者。見俱舍論二十五。又，一、心解脫，心離貪愛者；二、慧解脫，慧離無明者。見大乘義章十八，俱舍寶疏二十五。三解脫者，又曰三空，亦曰三三昧，俱名三解脫門：一、空解脫、二、無相解脫。三、無願解脫。三種之禪定也。三三昧是為舊稱，新稱云三三摩地，譯曰三定，三等持，就能修之行而名之。仁王

經謂之三空，此就所觀之理而名之。十地經論謂之三治，此就所斷之障而名之。此三昧有有漏、無漏二種。有漏定謂之三三昧，無漏定謂之三解脫門。解脫即涅槃，無漏為能入涅槃之門也，猶如有漏曰八背捨，無漏曰八解脫也。三三昧之義為：一、空三昧，與苦諦之空、無我二行相應之三昧也。二，無相三昧，是與滅諦之滅、靜、妙、離四相相應之三昧也。三、無願三昧，舊云無作三昧，又云無起三昧，是與苦諦之苦、無常二行相、集諦之因、集、生、緣四行相相應之三昧也。又有重三三昧，或稱重空三昧，是舉前空空三昧之一以攝他也。若各別稱之，則為重空、重無相、重無願也。一、空空三昧，羅漢以無漏智觀諸法之空，無我，是名空三昧，更以有漏智觀前之空智為空相、厭捨之，名為空空三昧：二、無相無相三昧，先以無漏智觀涅槃之滅、靜、妙、離，名為無相三昧，更以有漏智觀盡滅此智之非擇滅無為靜相，而厭捨前之無相，名為無相無相三昧：三、無願無願三昧，觀如上苦、集、道三諦之苦、無常等相，更厭捨之也。八解脫者，舊曰八背捨，是為捨棄三界染法繫縛之八種禪定，與八勝處、十一切處、一具之法門也。一、內有色相觀外色解脫，二、內無色相觀外色解脫，三、淨解脫身作證具足住，四、空無邊處解脫，五、識無邊處解脫，六、無所有處解脫，七、非想非非想處解脫，八、滅受想定身作證具住。八背捨者，新曰八解脫(見上)，再加八勝處、十一切處，謂之三法，為遠離三界貪愛一具之出世間禪也。智度論二十一曰：「背捨多初門，勝處為中行，一切處為成熟也。三種觀是，即是觀禪體成就。八勝處者：發勝知勝見，以捨貪愛之八種禪定也，是為起勝知勝見之依處，故名勝處。一、內有色想，觀外色少勝處：內心有色想，故云內有色想。又，以觀道未增長，若觀多色，則恐難攝持，故觀少色，謂為觀外色少，但觀內身之不淨，或觀少許之外色清淨也。二、內有色想，觀外色多勝處：內心有色想之義如上，但以行人之觀道漸熟，多觀外色亦無妨。諦觀一死屍而至於十、百、千、萬之死屍，若觀一胖脹時，悉觀一切之胖脹。觀廣大之外色清淨，謂為觀外色多，三、內無色想，觀外色少勝處：觀道漸為深妙，雖觀外色而內心不存色想，故曰內無色想。觀外色少之義如第一勝處，又觀淨、不淨亦如初。四、內無色想，觀外色多勝處：內心不留色想，故曰內無色想。觀外色多之義，如第二勝處、淨觀、不淨如前。以上四者，淨、不淨雜觀也（俱舍說唯淨觀）。五、青勝處：觀外之青色，轉變自在，使少為多，使多為少，於所見之青想，不起法愛也。六、黃勝處：觀黃色而不起法執，如青勝處。七、赤勝處：觀赤色如青勝處。八、白勝處：觀白色如青勝處（今以四色為勝處者，依智度論，俱舍論：若依瓔珞經，則以四大為四勝處。以上四者唯淨觀也：凡觀淨色，必遠離不淨色也。）此八勝處之相，與八解脫或八背捨同。蓋前二勝處如第一解脫，次二勝處如第二解脫，後四勝處如第三解脫也。見俱舍二十九。法界次第中之下曰：「大智度論作譬云：如人乘馬，能破前陣，亦能自制其馬，故名勝處也，亦名八除入。」十一切處者，新曰十遍處，觀青、黃、赤、白、地、水、火、風、空、識之十法，使其一一周遍於一切處也。十中之前八者，如前之第三淨解脫，觀色之清淨，其所依之禪定亦如前，依第四禪定緣欲界之色也。後二者依空無邊處、識無邊處定為所依，緣其他受、想、行、識之四蘊也。修觀行者由解脫入於勝處、由勝處入於一切處，起於後後者勝於前前也。蓋依解脫，但於所緣，總取淨相，未能分別青、黃、赤、白，後之四勝處，雖能分別青、黃、赤、白，而未能作無邊之行相也。又前之四一切處，一一觀為無邊，而思此青等以何者為其所依，知依於大種，故地、水、火、風，一一觀為無邊，復思此所覺之色何所依而廣大，知由於虛空，故次觀虛空無邊。又思此能覺之識以何者所依，知依於識，故次觀識無邊。此所依之識，別無所依，故更無第九之遍處。見智度論二十一，俱舍論二十九，同頌疏二十九，法界次第中之下。解脫身者，二佛身之一，佛身解脫煩惱障，故名解脫身，又為五分法身之一。解脫味者，出世法三味之一，亦即涅槃之妙味也。勝鬘寶窟中末曰：「出世法有三種味：一，法味；二、禪悅味。三、解脫味。」解脫門者，謂空、無相、無願三種之禪定也。此三種為涅槃門戶，故名。俱舍論二十八曰：「於中無漏者，名之解脫門，能為涅槃為入門故。」解脫道者，四道之第三，又為佛道之總名，出離解脫之道，如解脫道論之解脫道。解脫深坑者，固執於解脫而不能圓滿自利利他之行，譬如墮於深坑也。

⑤入滅，此詞亦為意譯，謂入於寂滅之境也。梵語涅槃（詳見本章譯註③），亦譯寂滅，通稱圓寂。離煩惱云寂，絕生死之苦果（不再輪迴六道）曰滅，故證果人之死名入寂。參見本章譯註⑥，⑦，⑧。

⑥ 示寂，此詞亦為意譯，寂者圓寂，又寂滅也，是涅槃之譯語。示寂者，為示現涅槃之義，言佛、菩薩及高德之死也，亦解：佛、菩薩等證極果之聖賢，並無生死，祇是示現生死耳，或曰，生死如幻，並無實事，故示現如幻之生死耳，參見本章譯註⑤，⑦，⑧。

⑦ 入寂，略同入滅，見本章譯註：⑤，⑥。

⑧ 寂滅（英譯Peace，有和平、寧靜，安心等意，均非此處所指）：梵語涅槃之譯語，其體寂靜，離一切之相，故云寂滅。略同於本章譯註⑦。此有數語可釋：一、寂滅相：謂涅槃之相離一切之相，謂之寂滅相。法華經方便品曰：「諸法從本來，常自寂滅相。」智度論八十七有曰：「涅槃即是寂滅。」二、寂滅無二：謂涅槃離一切差別之相，故謂之寂滅無二。圓覺經有曰：「圓覺普照，寂滅無二。」三、寂滅為樂：寂滅者，涅槃也，對於生死之苦而涅槃為樂。涅槃經曰：「諸行無常，是生滅法。生滅滅已，寂滅為樂。」四、寂滅道場：謂化身佛證有餘涅槃之道場也。如釋尊在摩竭陀國迦耶山頭尼連禪河邊之菩提樹下金剛座上是也。晉譯華嚴經一曰：「一時佛在摩竭陀國寂滅道場始成正覺。」文中「發現寂滅之樂」一語，亦可改為「已得正受」，以免與入滅、入寂或涅槃等詞相混。所謂「正受」者，梵語「三昧」之中譯，「三」為「正」，「昧」為「受」，禪定之異名也。定心離邪亂，謂之「正」；無念無想，納法在心，謂之「受」，如明鏡之無心現物也。大乘義章十三曰：「離於邪亂故，總為正，納法稱受。」觀經玄義分曰：「言正受者，想心都息，緣慮並亡，三昧相應，名為正受。」又云：「正受者，

一切不受也。」此意似仍未妥，待考。

⑨ 一如不二（英譯為Unity，直譯為合一，此處為複譯，蓋一如與不二有略同之處，祇為行文方便耳），為佛、菩薩的自在境界，也是佛弟子修行的目標之一，簡稱「如如」，或僅稱「如」。先釋「一如」：「一」者，不二之義，「如」者，不異之義，名不二不異。曰「一如」，即真如之理也。三藏法數四曰：「不二不異，名曰一如，即真如之理也。」密教以事事物物曰「理」，稱其理彼此同相曰「一如」。故與顯教諸法同體之一如差異。蓋顯教之一如，一法界也；密教之一如，多法界也。吽字義曰：「同一多如，多故如如。」十方之人同乘一如之理而頓悟菩提，謂之「一如頓證」。止觀八下曰：「魔界如，佛界如，一如無二如。」佛學大辭典「如」字條釋云：如者，如法之各各之相也，如法之實相也，如地之堅相，水之濕相，謂之各各之相，是事相之如也。然此各各之事相非實相，其實皆空，以彼此之諸法以空為實，空者，是諸法之實相也。此實相之如，稱為如，故如實相即如也。又，此如為諸法之性，故名法性。此法性為真實之際極，故曰實際。故如與法性與實際，皆諸法實相之異名也。又，諸如之理性相同，謂之如，以諸法雖各各差別，而理體則一味平等，故如者，理之異名也。此理真實，故云真如；其理為一，故云一如。但就其理體言之，般若經之如立為空，法華經之如立為中，是教門之不同也。智度論二十二曰：「諸法如有二種，一者各各相，二者實相。」又曰：「佛弟子如法本相觀。」又曰：「如，法性，實際，此三者皆是諸法實相異名。」維摩經菩薩品曰：

「如者，不二不異。」又釋「如如」條云：楞伽經所說五法之一。法性之理體，不二平等，故云如，彼此之諸法皆如，故云如如，是正智所契之理體也。大乘義章三釋曰：「言如如者，是前正智所契之理。諸法體同，故名為如。就一一如中，體備法界恒沙佛法，隨法辨如。如義非一，彼此皆如，故曰如如。如非虛妄，故復經中亦名真如。」佛性論二解曰：「如者有二義，一如如，智，二如如境，並不倒，故名如如。」不二者，謂一實之理，如如平等，而無彼此之別，謂之不二。菩薩悟入一實平等之理，謂之入不二法門。不二之理，為佛法之軌範，故云法；眾聖由之趣入，故云門。佛教有八萬四千法門，不二法門，在諸法門之上，能直見聖道者也。維摩經載文殊師利問維摩詰云：「何等是不二法門？」維摩默然不應，殊曰：「善哉！善哉！無有文字言語，是真不二法門也。」天臺荊溪尊者釋法華玄義所明之本迹十妙，立十種不二門，歸結之於一念之心，以示觀法大綱，發其深意。十門之所以皆名不二者，蓋法華以前四時三教所談之色、心等，一一隔異，是名為二，至法華而四時三教所談偏權之法，皆是諸法實相，而諸法實相平等一如，如中之一法，無隔歷不融之法，故總名為不二也。

今以其本迹十妙與不二門之相攝，列之如左：

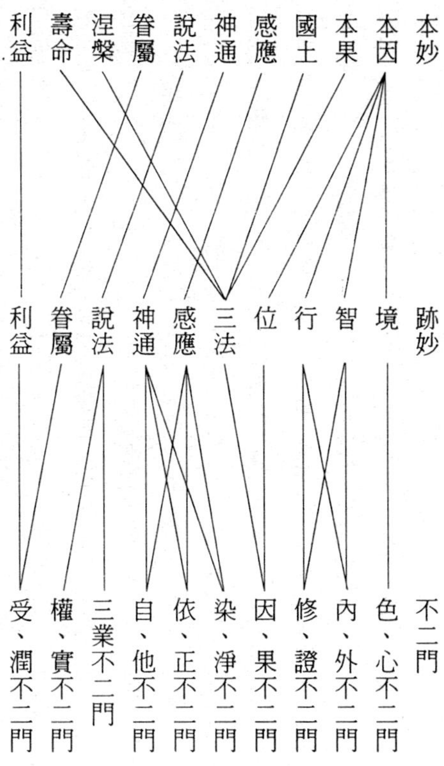

上述十不二門，本是荊溪尊者釋籤中結釋十妙者，然為妙觀之大體，故後人錄出別行之，其註解多至五十餘部，茲錄其著名者，以為有心者之參考：

㈠科十不二門，一卷，唐，堪然述，宋，知禮科；

㈡十不二門指要鈔，二卷，唐，湛然述，宋，知禮著；

㈢十不二門義，一卷，唐，道邃錄出；

㈣法華十妙不二門示珠指，二卷，宋，源清述；

㈤注法華本迹十不二門，二卷，宋，宗翌述；

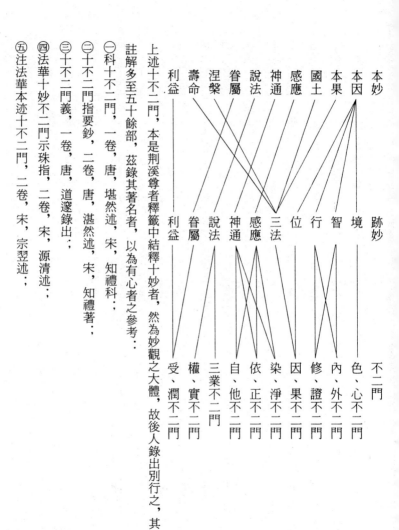

㈥十不二門文心解，一卷，宋，仁岳述；
㈦法華玄記十不二門顯妙，一卷，宋，處謙述；
㈧十不二門樞要，二卷，宋，了然述；
㈨十不二門指要鈔詳解，四卷，宋，可度詳解，明，正謐分會。

又，我國應化聖賢寶誌禪師，作有十四科頌，一一皆頌不二，其名曰：一、菩提、煩惱不二；二、持、犯不二；三、佛與眾生不二；四、事、理不二；五、靜、亂不二；六、善、惡不二；七、色、空不二；八、生、死不二；九、斷、除不二；十、真、俗不二；十一、解、縛不二；十二、境、照不二；十三、運用、無礙不二；十四、迷、悟不二，皆統二元歸一如者也，見傳燈錄。又，不二有時亦作無二，諸佛世尊有十種無二行自在法：一、一切諸佛悉能善說授記之言說，決定無二也；二、一切諸佛悉能隨順眾生之心念，使其意滿，決定無二也；三、一切諸佛悉能知三世一切諸佛，與其所化一切眾生之體性平等，決定無二也；四、一切諸佛悉能知世法及諸佛之法性無差別，決定無二也；五、一切諸佛悉能知三世諸佛所有之善根同一之善根，決定無二也；六、一切諸佛悉能現覺一切法，演說其義，決定無二也；七、一切諸佛悉能具是去、來、今諸佛之慧，決定無二也；八、一切諸佛悉能知三世一切之剎那，決定無二也；九、一切諸佛悉能知三世一切諸佛剎入於一佛剎之中，決定無二也；十、一切諸佛悉能知三世一切佛之語即一佛之語，決定無二也。見宗鏡錄九十九。

父子冤家

孩子驚恐地哭泣著參加了他母親的葬禮；他聽到悉達多將他當作他的兒子招呼他，並且使他在婆藪天的茅屋中受到歡迎，顯得恐懼而又憂鬱。一連幾天的時間，他帶着一副蒼白的面孔，死板板地坐在葬他母親的那座小山上面，別轉著腦袋，望著別的地方，將他的心扉鎖得緊緊地，彷彿在與他的這種命運抗拒，掙扎著。

悉達多體諒他的心情，盡量不去干擾他，因為他尊重他的哀傷。悉達多明白他的兒子並不認識他，因此還不能對他表示父子之情。但他也逐漸體會到，這個才十一歲大的孩子已經被他的母親寵壞了，已經養成富家子弟的嬌氣，已經吃慣了美好的食物，睡慣了柔軟的床鋪，早已有了呼奴使婢的習慣。悉達多感到，這個既被縱壞又逢喪母的孩子，自然無法一下適應這個陌生而又窮苦的環境，因此，他盡量不去逼他就範；他不但為他做很多事情，並且總是將最好的食物從自己口邊留下來給他吃。他希望以友誼和耐心感化他的固執。

這孩子來到之初，悉達多曾將他自己視為一個富足而又有福的人，但時間一天一天地過去，這孩子仍然顯得那麼彆扭，那麼陰鬱，而當他變本加厲，顯得更加傲慢無禮，蔑視長輩，不肯工作，且偷竊婆藪天所種的水果時，他終於開始覺得，與他的兒子在一起，只有痛苦和煩惱，而無快樂和安靜可言。但他愛他的兒子，寧可因為愛他而忍受痛苦和煩惱，而不願為了快樂和逍遙而與他分離。

自從小悉達多進入這座茅舍後，兩位老人便開始分工合作——婆藪天完全承擔擺渡的工作，而悉達多則負責家中的雜務和田中的工作，以便與他的兒子待在一起。

一連幾個月的時間過去了，悉達多一直耐心地期待著，希望他的兒子能夠了解他，希望他會領納他的父愛，並且還希望他也能有回報的一天。若干月來，婆藪天也一直在默默地冷眼靜觀、期待著，一句話也沒有說。一天，當小悉達多忤逆他的父親，並在脾氣發作時摔破兩個飯碗後，婆藪天便在那天晚上將他的朋友拉到一邊，說是有話要對他講。

「請原諒我，」他說，「我得以朋友的立場對你說話。我看出你很焦慮，很不快樂。我的老弟，你的兒子在折磨著你，也折磨著我。這隻小鳥早已習慣了另一種生活，另一種窩巢。他跟你不一樣，他不是因了厭倦和憎惡而逃避財富和都市；他離開那些東西，並不是出於自願，而是身不由主。我的朋友，我已經問過這條河，我已經問它好多次了，而它總是大笑，它嘲笑我也嘲笑你；它晃動著身子嘲笑我們的愚蠢，流水歸流水，少年歸少年。你的兒子在這個地方是不會快活的。不信你去問這條河，聽它怎麼說。」

煩惱的悉達多望著他那副仁慈的面孔，那上面橫著許多和善的皺紋。

「我怎麼能夠和他分離呢？」悉達多輕聲說道。「我的好友，再給我一些時間吧。我要以愛心和耐心軟化他的硬心。這條河有一天也會開導他的。他也是奉召而來的啊。」

婆藪天的笑容變得格外溫暖了。「噢，是的，」他說，「他也是奉召而來的；他也屬於這個永恒不滅的生命。但是，你我知道他是因何奉召而來的嗎？他奉召走哪條道路？做什麼事情？受什麼苦楚？他受的痛苦不會很輕。他的心非常傲慢，非常堅硬。他也許將會吃上很多苦頭，弄出很多錯誤，做出許多不義，犯上很多罪過。我的朋友，我問你：你在教育他麼？他聽你的麼？你會修理他或處罰他麼？」

「不會，婆藪天，我不會做那樣的事情。」

「我早就曉得你不會了。你不嚴格對他，你不處罰他，你不命令他——因為你明白：柔能克剛，流水勝於巖石，愛心勝於武力。善哉，善哉！我讚歎你。但你對他不嚴，不願處罰他，在你難道不是一種錯誤麼？難道你還沒有用愛心籠絡他麼？難道你沒有天天用你的好心和耐心去羞辱他而使他感到更加難堪麼？難道你沒有逼使這傲慢的嬌子跟兩個以香蕉度日的老人住在一間茅舍裏麼？——對於我們兩個而言，甚至連米飯都是上等美味！豈止我們的思想跟他不同，我們的心也老了，安靜了，跳得也沒有他厲害了——難道不是麼？——難道所有這一切，還不算抑制著、處罰著他麼？」

悉達多困惑地望著地面，感到左右為難。「你認為我該怎麼辦？」他輕聲地問道。

婆藪天答道：「將他帶到城裏去；將他送回他的故居去。他的家裏還會有僕人在，將他交給他們去。萬一沒有僕人在了，就將他交給一位教師，那倒不是為了教育他，而是讓他與其他的男孩女孩聚在一起，讓他處身於他所屬的那個圈子裏面，難道你從來不曾有過這種想法麼？」

「你很能看透我的心思，」悉達多悽然地說道。「我是經常有此想法。但他心腸那樣堅硬，怎麼能夠在這個世間活下去呢？難道他不會自以為高人一等麼？難道他不會在聲色犬馬之中迷失自己麼？難道他不會重蹈他父親所遭遇的覆轍麼？難道他不會完全迷失於六道輪廻之中麼？」

這位老擺渡人再度微笑了一下。他輕輕撫摩著悉達多的肩膀說道：「我的老弟，去問問這條河吧！聽聽它的話，一笑置之吧！如此說來，難道你真的認為你為了使你兒子避免重蹈你的覆轍才犯下這些錯誤的麼？那你真的是認為你能夠使你的兒子免於六道輪廻了？如何能夠？運用訓示？運用祈禱？還是運用規勸？我的老弟，難道你已忘了你在這裏對我說過的與身為梵志之子的悉達多相關的那個富於教訓意味的故事了麼？是誰使得身為沙門的悉達多免於輪廻？免於犯罪？免於貪婪和愚行之苦？是他父親的虔誠？他老師的教誨？還是他自己的知識？是他本身的追求，能夠使他免於這些苦厄？哪個父親，哪位老師可以使他避免去過他自己的生活？可以使他自己避免被生活污染？可以使他自己避免被罪惡所累？可以使他自己避免吞嚥人生的苦酒，可以使他不走他自己的道路？我的老弟，難道你以為有人可以避開這條道路麼？你的小兒子也許可以，因為你要使他避免煩惱，痛苦，以及幻滅，是麼？但是，縱然你能為他捨命十次，你也無法轉變他的命運，一些些也辦不到。」

婆藪天從來沒有說過這麼多的話。悉達多友好地向他道了謝，帶著煩惱走回他的茅屋，但他無法入睡。婆藪天對他說的那些話，他沒有一樣沒有自己想過，沒有一樣不是他自己早已經明白的，只不過是他對這孩子的愛心，對他的熱情，以及他的唯恐失去他——所有這些，莫不勝於他的理智考慮。他曾否如此全心全意地投注於任何人？他曾否如此認真地，如此盲目地，如此痛苦地，如此絕望、然而卻又如此快樂地愛過任何人？

悉達多無法接受他這位朋友的忠告；他不能放棄他的兒子。他讓這個孩子支使他，讓他對他自己傲慢無禮。他默默地期待著；他每天以好心和耐心從事這種無言的戰鬥。婆藪天也以友好，體諒，以及寬容的態度默默地期待著。畢竟說來，他倆都是耐心的主宰。

某次，當這孩子的面形使他想到渴慕樂時，他突然憶起她在很久以前對他說過的一句話。「你不能愛人，」她曾如此對他說，而他亦曾同意她的說法。那時他曾將他自己比作高空的一顆明星，而其他的人則是墜落的樹葉，不過，他也感到了她的話裏含有某種指責的意味。說也沒錯，他從來沒有讓他自己完全投注在另一個人身上，至少沒有達到完全忘我的程度；他從來沒有為了愛另一個人而做出愛的愚行。他一向沒法辦到此點，而這在當時看來，似乎就是他與一般平常人之間最大的差別。

可是而今，自從他的兒子來到之後，由於煩惱的折磨，由於愛心的支使，他悉達多就變得跟一般凡夫俗子完全沒有兩樣了。而今，他也在他的一生之中，一度經驗到了這種最為強烈，最為奇異的激情——儘管比一般人晚了一些；由於這種激情的關係，而今他遭遇了極度的痛苦，但從另一方面看來，他卻也因此得到了提昇和更生而感到更加富有了。

他確是感到了這份愛心，這份盲目的愛子之心，就是人間的激情，就是生死的輪轉，就是攪動了的深層源泉。但他同時也覺得，他如此做，並非沒有價值，確也有它的必要性，因為這也是出於他的至性。此種感情，這種痛苦，這些愚行，亦需加以體驗。

同時，他的兒子也在以他的躁氣讓他作出愚行，讓他努力掙扎，讓他蒙受屈辱。他的父親對他既無吸引力，他對他的父親也就沒有畏懼之心了。這個父親是個善良之人，是個溫文之人，也許是個虔誠之人，甚或是個聖賢之人——但所有這些，都不是可以贏得孩子之心的長處。這個父親將他困在這個霉氣的茅屋之中，使他感到厭倦透頂，而當他以微笑回報他的粗魯，以友誼回報他的侮辱，以和善回報他的胡鬧時，更加使他認為那是老狐狸的奸險詭計，可恨之極。這個孩子寧願他的父親恐嚇他，虐待他，也不要接受這樣的善良溫情。

一天，小悉達多終於說出了他想說的話，並且公然忤逆他的父親。他的父親叫他去撿些引火的樹枝，但這孩子不願意出去，他站在那裏不肯動身，並且大發脾氣，以兩腳頓地，捏緊拳頭，猛烈地說出他的憎恨，當面蔑視他的父親。

「樹枝你自己去撿，」他噴著口沫叫吼道。「我不是你的奴僕。我知道你不會打我；你——不——敢——！但我曉得你會繼續用你那種真誠和縱容來處罰我。你想要我變得像你那樣真誠，那樣溫文，那樣聰明，但你只有自討其辱，我寧願變成一個小偷，變成一個殺人兇手，被打入十八層地獄，也不要變得像你那樣！我恨你；你不是我的父親，縱然你愛我母親十幾次，你也不是我的父親！」

他滿腔憤恨，一肚子不快，終於對著他父親發出了一連串狂烈而又震怒的言辭。接著，這孩子跑了開去，直到很晚方回。

次日清晨，這孩子失踪了。一隻以兩色樹皮編成、用來收受銅錢和銀幣渡資的小簍子，也不見了。渡船也不知去向了。悉達多發現它橫在河的那邊了。這孩子出走了，跑掉了。

「我得追他去，」悉達多說道。自從那個孩子說了那樣硬心腸的話之後，他一直就感到非常苦惱。「單單一個孩子是無法通過這座叢林的；他會碰到某種危險的！婆藪天，我們必須做個竹筏，才能渡過河去。」

「我們要做一個竹筏，」婆藪天說，「才能把被那個孩子弄走的渡船弄回來。不過，我的老弟，至於那個孩子，還是讓他走了吧。他已不小了，已經知道怎樣照顧他自己了。他要尋路回到城裏去，他是對的。不要忘了這點。他現在要做的正是你自己所忽略的事情。他在找他自己；他在走他自己的道路。唉，悉達多，我看出你在受著痛苦，在受著一個人應該嘲笑的痛苦，在受著你自己不久也會一笑置之的痛苦。」

悉達多沒有答腔。他已經拿了斧頭著手去做竹筏了，婆藪天隨後跟來，用草繩將竹子編結起來。接著，他倆將竹筏推入河中，準備渡河，但竹筏被急流沖到下面遠處，於是又逆流而上，然後再划向對岸。

「你帶著斧頭幹嘛？」悉達多問道。

婆藪天答道：「船上的槳可能也不見了。」

悉達多知道他的朋友在想些什麼——那孩子為了洩恨並阻止他們去追他，也許已將槳丟掉或者將它折斷了。果然不錯，槳已不在船上了。婆藪天一面指著船底，一面向他的朋友微笑著，好像是說：難道你還看不出你的兒子想說些什麼嗎？難道你還看不出你的兒子不希望你去追他麼？但他並沒有形諸語言，只管動手重新做槳去了。悉達多離開他去找孩子，婆藪天也沒加阻擋。

悉達多在林中找了很久，忽然想到：他的追尋是枉費功夫。他心下想道：這孩子不是早就走出森林而抵達城中，就是仍在途中躲避追尋的人。他又想了一下，結果感到，他根本不必為他的兒子擔心，他的心裏明白，他的兒子在森林裏面，既不會受到任何損傷，更不會遇到任何危險。雖然如此，而他卻一直向前走去，但這已經不再是為救他的兒子，而是，也許是，想要再度見他兒子一眼，於是他繼續向前走去，向那座城市的郊區走去。

他踏上了市郊的大路，竚立於一座美麗樂園的入口。這座樂園曾經一度為渴慕樂所有，而他最初看見她坐著肩輿從他眼前掠過，也在這個林園的門口。往事一幕一幕地在他眼前展開了。於是，他又看到他自己，一個赤身露體，滿臉髫鬚，一頭灰塵的青年沙門，站在這兒。悉達多在那裏站了很久一段時間，透過敞開的園門向裏凝視。他見到的是一些僧侶在美麗的林木下面經行①漫步。

他在那兒站了很久一段時間，在那裏觀想他的生活圖畫，他的生平故事。他在那裏站立了很久一段時間，望著那些經行的僧侶，看到年輕的悉達多和渴慕樂雙雙漫步在那些大樹之下。他清清楚楚地看到他在渴慕樂接待之下的自己接受她那最初的一吻。他看到他自己多麼傲慢地而又不屑地回顧他的沙門生涯，多麼自負而又急切地展開他的人間生活。他看到渴慕斯華美，看到那些僕從，那些宴樂，那些賭徒，那些樂師，一一在他的眼前走動。他看到了渴慕樂養在金絲籠中的那隻鳴禽；他又重頭活了一次，再度呼吸了生死輪廻的氣息，復又變得衰老而又疲憊，再度有了作嘔的感覺而痛不欲生，再度聽到了那個「唵」字真言。

悉達多在林園門口竚立了很久一段時間，終於明白：他被一念驅使而趕來此地，真是愚不可及；他對他的兒子，實在無能為力；他實在不該將他自己的意願強加於他兒子的身上。他對這個孩子懷有深切的愛心，但他的出走，對他而言，無異是一種創傷，不過，同時他也感到，這個創傷應該加以療治，使它從他身上消除，而不應該存心讓它發炎，化膿，乃至潰爛。

但因此時創傷尚未療治，因此他很痛苦。他來追尋兒子的目標沒有完成，所得的結果，卻是一片空虛。他頹然地坐下身去。他感到某種東西已在他的心中死了；他再也沒有幸福，沒有目標可以追求了。他沮喪地坐在那裏等待著。這是他向那條河學來的妙訣：等待，忍耐，諦聽。他坐在塵土迷茫的路上諦聽，諦聽那疲於搏動的心音，悽然地等待一個啟導的聲音。他蹲在那兒諦聽著，一連諦聽了好幾個時辰，不再見到任何景象，反而沉入一片空虛之中，而他則任其沉落，不求出離之道。而當他感到創傷發生劇烈的刺痛之際，他便輕聲誦念「唵」字真言，讓他自己充滿「唵」字真言。園中的僧眾早就注意到他了，而當他蹲在那兒一連好多時辰，以致使他那一頭灰髮蒙上了塵土之時，其中的一位僧人便向他走去，在他的面前放了兩根香蕉，而這位老人卻沒有看到他的近前。

一隻手觸著了他的肩膀，使他從出神的狀態中清醒過來。他認出了這輕柔的一觸出於何人，因此他便恢復了神志。他爬起身來，問候了跟踪而來的婆藪天。他一見婆藪天的和善面孔，看到那些帶笑的皺紋，看到他那雙明朗的眼睛，他自己也跟著發出了會心的微笑。這時他才看到兩根香蕉放在他的跟前，於是伸手將它們撿起，給他的朋友一根，另一根給他自己享用。於是他默默地跟在婆藪天的後面，穿過森林，返回渡口。他敘述了經過的情形，沒有提到孩子的名字，既未述及他的出走，更未提及自己的創痛。悉達多回到茅屋之後上床就睡，隔了一會，等到婆藪天弄了椰子汁來給他喝時，他已睡著了。

【譯　註】

①經行：亦作「行道」，於一定之地旋繞往來也，即坐禪而欲睡眠時為此防之，又為養身療病。寄歸傳三曰：「五天之地，道俗多作經行，直去直來，唯遵一路；隨時適性，勿居鬧處；一則痊痾，一能銷食。」經行亦有儀度，摩得勒伽六曰：「比丘經行時，不得捨身行，不得大駛駛，不得大低頭；應縮攝諸根，心不外緣；當正直行；行不能直者，安繩。」

唵字真言

那個創傷刺痛了很久一段時間。悉達多渡了很多旅人過河，見他們攜兒帶女，心裡不免有些羨慕，不免有些自怨自艾：有此洪福的人不知凡幾——何以唯我獨無？甚至是邪惡之人，乃至強盜和土匪，都有子女，都可以愛護他們的子女，而且得到子女的敬愛，唯我獨無。而今他如此推論，不但十分孩子氣，而且不合情理；他已經變得頗像一般的凡夫俗子了。

他如今看待世人，看法與前大為不同了：既不再那麼精明，也不再那麼自負了，因而也顯得較為溫暖，較為好奇，更富同情心了。

而今，他運渡一般的旅人——商人，軍人，以及女人，似乎已不再像以前那樣感到自己與他們格格不入了。他對他們的思想和看法雖然不甚了然，雖與他們尚無共同的認識，但他也有他們所有的那種生活的衝勁和慾望了。儘管他在自律方面已有很高的境界，並且對他的最後創傷也能逆來順受，但他如今卻可以感到，這些凡夫俗子好像他的手足兄弟一般。他們的虛榮，慾望，以及瑣碎，在他眼中，已不再像以前那麼荒謬可笑了；所有這些，已經變得可以理解，可以愛惜，甚至值得尊重了。這裏面雖然有著慈母盲目地疼愛子女，慈父盲目地以他的獨子為傲，虛榮少女盲目地追求時髦和男人的愛慕，但是，所有這些小小的，單純的，愚蠢的，但也極為強烈、極為重要的熱情衝動和慾望，在而今的悉達多看來，似乎已經不再那麼微不足道了。他已看出，人們就是為了這些而生活，而做大事，而出門旅行，而從事戰爭，而飽受痛苦，而他也因此而敬愛他們。他已經看出，生命，活力，那不可破壞的至道和大梵，都在他們的慾望和需要之中。這些人之所以值得敬愛和敬佩，就在他們具有如此盲目的忠誠，就在他們具有如此盲目的力量和韌性。聖人和思想家所具有的一切，他們無不具有——只有一件小小的例外：那就是對於眾生一如的認識。而悉達多甚至還曾不止一次地懷疑到，這樣的一種認識，這樣的一種思想，究竟有沒有這樣大的價值，是否也只是思想家底孩子氣的自我陶醉而已——因為思想家也不過是比較會思想的孩子而已，還在未定之數。除此之外，在其他各個方面，世人不但不輸於思想家，而且往往還高出一頭，正如一般動物在必要的時候所顯示的那種堅持目標而不為所動的行為，似乎往往也比人類造物略勝一籌。

對於什麼是真正的智慧，他長期追求的目標為何，這種見識，在悉達多的心中逐漸增長，逐漸成熟。這並不是什麼別的事情，而是靈魂的一種調配，而是在思想的時候，在感覺的時候，在呼吸的時候，時時刻刻念念思念一如的一種能耐，一種秘密的法術。這個念頭在他的內心逐漸成熟，如今它已在婆藪天那種鶴髮童顏上面反映出來：這個世界永恒圓滿的和諧，以及對於一如不二的體認。

但那個創傷仍在刺痛。悉達多仍在苦苦地渴念著他的兒子，仍在守護著他對兒子的愛心和溫情，仍在讓這種痛苦啃蝕著他，仍在做著那些愛心的愚行。這種火焰是不會不吹自滅的。

一天，在那創傷極度灼痛的時候，悉達多受不住渴念的煎熬，禁不住將小船划過河去，並棄舟登岸，想到城裏去找他的兒子。河水在輕柔地流動著；雖然時逢旱季，但是它卻發出奇怪的聲音。它在大笑，它在明白地笑著！這條河在清清楚楚而且快快樂樂地笑著這個年老的擺渡人。悉達多止步不前了；他將身子彎在河水上面，以便聽得更為仔細一些。他見到他的面孔映在靜靜流動的水上，而在這種映像的當中含著某種東西，使他想起了某件他已忘記的事情，而當他再一回想時，便記起來了。他的面貌好似另一個人——他曾認識，曾經敬愛，甚至曾經敬畏過的一個人。

那是他那身為婆羅門的父親。他記起在他年輕的時候，他曾怎樣逼使他的父親讓他出家去當苦行沙門，他曾怎樣離他而去，乃至如何一去沒再回頭。他的父親當時豈不也曾有過他如今想念兒子所感到的那種痛苦？他的父親豈不是在孤獨之中死去而未能再見兒子一面？他豈不也曾面對過這同樣的命運？此種事物的歷程，如此在一種命定的圈子之中反覆輪轉，豈不是一種鬧劇？豈不是一種怪異而又愚蠢的事情？

河在大笑。是的，事情就是這樣。凡事如不備受辛苦而得一個最後的了結，就會從頭復演一遍，而同樣的煩惱又得重複一回。悉達多爬回渡船，將船划回茅屋——一面思念他的父親，一面想念他的兒子，一面承受河水的嘲笑，在自相矛盾之中掙扎，瀕臨絕望的邊緣。而且，他不但要縱聲嘲笑自己，同時也要大聲嘲笑整個世人。創傷仍在刺痛；他仍在反抗他的命運。他的心靈尚未得到平靜，他的痛苦仍然沒有征服。但他充滿希望，而當他一旦回到茅屋之中，他更充滿一種不可抑制的慾望，要向婆藪天告白，要向他吐露一切，要把一切的一切報告這個深通聆聽之術的人。

婆藪天坐在茅屋裏編製一隻竹簍。他已不再在渡口工作了，他的視力日漸衰弱，他的手臂亦然，但他面上的那種快樂和恬靜安詳的神情，不但依然未變，而且仍在發著光輝。

悉達多坐下在這位老人的身旁，緩緩地從頭說來。他對他說了他從未提過的話，他說了他那次進城的情形，說了他的創傷如何刺痛，說他如何羡慕有兒女承歡膝下的父親，說他雖知此類感情的愚昧，但他卻在內心作著絕望的掙扎。他述及了種種切切；他可以盡情吐露。他陳述了他的創傷，他對老人說出了那天的溜走，說他如何划船過河，為何蕩進城中，以及這河又怎樣大笑。

悉達多繼續不斷地傾訴著，而婆藪天則沉靜地傾聽著，使得悉達多深深地感到他比以前更加專注了。婆藪天可以感到他的煩惱和不安，而他的隱祕希望則在他倆的內心之間往復對流。在這位聽者之前揭示他的創傷，好似在河中沐浴一樣，可以消除它的炎火，而與河水打成一片。悉達多繼續不斷地傾訴著，繼續不斷地告解著，愈來愈感到他的這位朋友愈不像婆藪天了，愈來愈不像是一個在聽他傾訴的人了。他感到這個不動聲色的聽者在吸收著他的供述，就像一棵樹在吸收著外面的雨露一樣；他覺得這個如如不動的人就是這條河的本身，就是上帝的本身，就是永恒的自體。而當他不再想到他的本身和他的創傷之時，他便被婆藪天已經變了的這種感覺所佔據，但當他對這種感覺的認識愈來愈深時，他就愈來愈覺得它並無新奇之處；

他愈來愈覺得一切本來自然有序，婆藪天很久以來幾乎一向就是這個樣子，只是他未能看清而已；實在說來，他自己跟他也沒有什麼不同的地方。他感到他如今看婆藪天就像一般人看神一般，因而覺得這種看法難以立足。他在心裏開始脫離婆藪天，但在同時他仍繼續訴說他的心事。

等到悉達多把話說完之後，婆藪天緩舉起他那略顯疲弱的視線向他看去。他沒有說話，但他的臉上卻流露著慈愛，寧靜，體諒和見識的光輝。他拉了悉達多的手，將他帶到河岸旁邊，與他並排坐下，向著河水微笑。

「你已經聽到它的笑聲了，」他說。「但你還沒有聽得完全。且讓我們再聽；你將會聽到更多的東西。」

他們諦聽。河水的多重歌聲在輕柔地回響著。悉達多舉目注視河面，見到蕩漾的河裏有著許許多多的圖形。他看到他的父親孤零零地在為了愛子而傷悲；他看到他自己也在孤單地繫念著他那逃走的孩子；他看到他自己的兒子，也是形單影隻地在人生之慾的火焰道上焦急地奔馳著；每一個人都專注於他自己的目標，每一個人都被他自己的目標牽著鼻子走，每一個人都痛苦不迭。這河水的聲音充滿著苦惱。它在唱著渴慾與悲哀之歌，在不斷地向它的目標流去。

「聽到麼？」婆藪天以他的眼神默然問道。悉達多點了點頭。

「好好聽吧！」婆藪天輕悄地說道。

悉達多盡心地細聽。他父親的圖形，他自己的圖形，他兒子的圖形，都流進了彼此之中。渴慕樂的圖形也出現了，也在向前流著，而高聞達等人的圖形也出現了，也都在向前流去。他們全都成了河水的一部分。這是他們全體的目標，思慕，慾望，痛苦；而這河的聲音也充滿著渴望，充滿著刺痛，充滿著無法饜足的慾望。這河向著它的目標流去。悉達多看出這河的行色匆匆，由他自己和他的親友以及他所見過的每一個人所構成。所有的波浪和整個的河水都在痛苦之中奔向目標，奔向許許多多的目標——奔向瀑布，奔向大海，奔向激流，奔向汪洋，而所有的目標無不達到，且一個接著一個，前後相續不斷。河水化為蒸氣上昇，變成雨露下降。變作流泉，化作小溪，成為江河，重新再變，再度流動。但那渴望的聲音已經更改。它仍在煩惱地尋求中回響著，而且還伴奏著其他的聲音——苦與樂的聲音，善與惡的聲音，哭與笑的聲音，數以百計的聲音，成千累萬的聲音。

悉達多諦聽著。他聚精會神地諦聽著，完全專注地，心無雜念地聽取著一切的聲音。他覺得他到現在才算完全通達諦聽的藝術。他早先雖常聽到這一切聲音，雖常聽到這些無數的水聲，但到今天，他才聽出它們的迴異之處。他不再能夠分別這些不同的聲音了——他無法分別歡笑的聲音與悲泣的聲音了，無法分別童稚的聲音與成人的聲音了。離人的悲泣聲，智者的歡笑聲，憤怒者的吼叫聲，以及垂死之人的呻吟聲——所有這些，悉皆彼此隸屬，難解難分。它們全都互相交織，彼此連鎖，以千種不同的方式糾纏在一起。而所有這一切聲音，所有這一切目標，所有這一切渴望，所有這一切煩惱，所有這一切歡樂，所有這一切善與惡——所有這一切的一切，就是這個世界。所有這一切的一切，就是萬法之流，就是生命的樂章。當悉達多全神貫注地諦聽這條河的聲音，一心不亂地諦聽著由這千種聲音合成的歌聲時；當他不去諦聽悲哀或歡笑的聲音，當他不逼他的心靈去聽任何一種特別的聲音而使它專注於他的自我，而來諦聽所有的聲音，整體的聲音，融合的聲音時——那時，這由千種聲音匯合而成的大合唱，便是由一個字兒構成，而這個字便是：「唵」——它的意思是圓滿。

「聽出了麼？」婆藪天的眼神再度問道。

婆藪天的微笑十分光燦；它明亮地跳躍在他那些蒼老的皺紋之間，就像「唵」字飛躍此河的各種聲音之上一樣。他的微笑在他望著他的朋友時顯得十分光采，而現在這種光輝的笑容，也在悉達多的面上出現了。他的創傷正在痊癒中，他的痛苦正在消散中，他的自我已經融鑄而成一如了。

打從這一刻起，悉達多不再對抗他的命運了。他臉上放出了寧靜的智慧之光：他已成了一個不再有矛盾慾望衝突的人，成了一個已得解脫眾苦的人，成了一個得與大化之流融和的人，滿懷慈悲憐憫之情，讓他自己委身於此種大化之流而歸於萬法的一如之中了。

婆藪天從河岸的座位上立起身來，向悉達多看了一眼，見到他的眼中既已顯出了寧靜的智慧之光，於是就以他那種慈悲護祐的態度輕輕拍拍他的肩膀，說道：「老弟，我早就等待這個時刻了。如今這個時刻既已來到了，我也好走了。我扮演渡子婆藪天，已經扮演了不短的時間，如今總算功德圓滿了。再見了，茅舍！再見了，河流！再見了，悉達多！」

悉達多恭恭敬敬地向這位即將離去的老人躬身敬禮。

「我早有所知了，」他輕柔地說道。「你就要進入山林之中了？」

「對的，我就要進入山林之中了，」婆藪天光采四溢地說道，「我就要進入萬法一如的境界了。」

就這樣，他走了。悉達多注視著他。他懷著喜悅而又莊敬的心情注視著他，只見他的步履安詳，面上露著榮耀，渾身都是光明。

聲聞之人

高

聞達曾經與其他僧侶在名妓渴慕樂獻給佛弟子的那座遊樂園中度過一個安居①的時期。他聽說有一位年老的擺渡人，在距此一日行程的河邊擺渡渡人，被許多人視為一位聖者。因此，當他出發行腳時，他就選了通往渡口的道路，急切地想要見見這位擺渡人，此蓋由於，儘管他一直依戒修行，並因年高德劭而受到年輕僧人的尊敬，但是他的內心仍然沒有得到平靜，是以，他的求道目標仍然沒有達到。

他到了渡口，請求這位老人渡他過河。船至對岸，他在與眾人登岸時對這位老人說道：「你對出家僧人和一般香客都很慈悲，渡了不少人過河。想你也是一位正道的追求者吧？」

悉達多的蒼老眼神中露出了親切的微笑，並且答道：「啊，尊者②啊，你的法臘③已經很高了，而且身著佛制的袈裟，還自稱求道者麼？」

「我的法臘確是很高了，」高聞達說道。「但我一直不停地求道，今後也不會停止步道。這似乎就是我的命運。我覺得你好像也曾求過道。我的道友，關於此點，可否為在下開開茅塞？」

悉達多答道：「我能對你說些什麼有益的話呢？——除了說你也許求得太過了，結果反而不能得道？」

「此話怎講？」高聞達問道。

「當你正在求道的時候，」悉達多答道，「你很可能只見你在追求的東西，反而不能發現任何東西，反而不能專注任何東西，為什麼？因為你只想到你在追求的東西，因為你有了一個追求的目標，因為你被你追求的目標迷住了。所謂求道，含有達到某種目標的意思，而得道的意思則是自在解脫，無拘無束，隨緣赴感而不強立固定目標。你這位尊者啊，也許確是一位求道者哩，因為你把功夫用在你的目標上，對於目前的東西反而視而不見了。」

「我還是不很明白，」高聞達說道。「尊意畢竟如何？」

悉達多答道：「哦，尊者啊，距今許多年前，你路過這條河流，見到一個人在那裏睡覺。於是你坐在他的身旁，看護著他，而你，高聞達啊，你卻沒有認出他。」

高聞達聽到對方稱呼他的名字，不禁大吃一驚，訝異得像着了魔似的望著這位擺渡人。

「你是悉達多麼？」他怯生生地問道。「我這次又沒有認出你來！啊，悉達多，很高興能夠再度與你相見，真是太高興了！我的老兄，你變得太多了！那麼，你現在是當擺渡人了？」

悉達多熱情地笑了起來。「對，我現在做擺渡人了。人生在世，不但得時常改變，而且得常換衣裝。老弟，我也不能例外。高聞達，非常歡迎你，我要請你在舍下小住一宿。」

當晚高聞達就在渡口的茅屋中過夜，就睡在婆藪天睡過的那張床上。他向這位年輕時的老友問了許許多多的問題，而悉達多也對他說了不少自己的生活情形。

次日早晨，高聞達臨行時猶豫地說道：「悉達多，我想在出發之前再問你一個問題：你是否用一種教義，一種信念或者理智作為助緣，助你走上正命④和正業⑤的道路？」

悉達多答道：「我的老弟，你是知道的，我們在山林之中做苦行沙門的時候，那時我雖然還很年輕，但已不信任學理和教說，並且敬而遠之了。直到今日，我的心向仍然如此——雖然，自那以後，我已有過不少老師。一個漂亮的艷妓曾有很長一段時間擔任我的老師，此外還有一位富商和一位賭徒，也曾當過我的老師。還有一次，佛陀座下的一位遊方僧人，也曾做過我的老師。他曾在雲遊的途中坐在我的身旁看護我，那時我在森林裏面睡著了。我也曾從他那裏學到一些東西，因此我對他非常感激，非常非常感激。但最最要緊的，是我從這條河和我的前任婆藪天學到的東西。婆藪天是一個純樸的人，並不是一位思想家，但他通源達本，不亞於大覺世尊。他是一位聖人，一位賢者。」

高聞達說道：「悉達多，我看你似乎仍然喜歡開點小玩笑。我相信你並且也知道你沒有跟過任何老師，但你自己難道沒有某些想法——就算沒有教義的話？難道你自己沒有發現某種有助於正行的見地麼？關於此點，如蒙指教，我會因為受益不淺而大為高興的。」

悉達多說：「不錯，這兒那兒我不時有過一些想法和見地。有時一個時辰，有時整整一天的時候，我變得頗有見地，就像一個人覺到心中的生命一般。我曾有過不少想法，但要向你道及，卻非易事。不過，高聞達，這裏一個想法給我留下了難忘的印象。真智是無法言宣的。智者嘗試言傳的那種智慧，聽來難免令人感到愚蠢。」

「你又開玩笑了？」高聞達問道。

「沒有，我在向你報告我的心得。知識可以言傳，但智慧不然。一個人可以發現智慧，可以過智慧的生活，可因得到智慧而強化，可以運用智慧行使奇蹟，但要說是傳授智慧，那是辦不到的。我在還很年輕的時候就已想到此點了，而使我對老師敬而遠之的，就是此點。我曾經有過一個想法，高聞達，這個想法也許又要被你視為玩笑或愚話的，而這個想法卻是：就每一種真理而言，它的反面亦同樣真實。舉例言之，一種真理，只有在它是片面的真理時，才可以用語言加以表達和推演。大凡可以想像得到、且可以用語言表述的東西，只是片面的，只是半邊的真理；這種真理完全沒有整體性，圓滿性，統合性，大覺世尊對人說法時，他就不得不將這個人間分為生死與涅槃，虛妄與真實，痛苦與解脫來加以講述。對於為人之師的人而言，也只有如此，別無他法可行。但這個世界的本身，既在我們裏面又在我們外面，絕不是片面的。絕沒有一個人或一種行為屬於全然的輪廻或全然的涅槃；絕沒有一個人是完全的聖人或完全的罪人。這種情形之所以看來似乎如此，乃因為我們患了妄想之病，以為時間是一種真實不虛的東西。高聞達，時間並不真實，對於此點，我已體會多次了。時間既不真實，那麼，橫在此世與永恆、橫在痛苦與極樂、橫在至善與至惡之間的那條分界線，自然也就是一種虛妄不實的東西了。」

「這又怎麼講呢？」高閒達迷惑地問道。

「聽吧，老弟！我是一個罪人，你是一個罪人，但這個罪人總有一天會化為清淨的梵，總有一天會得證涅槃，總有一天會大悟成佛。這裏面所說的這個『一天』，只是一種虛妄，只是一種比較。這個罪人並非在走向一種佛樣的境界；這個罪人並非在不斷進化之中——雖然我們的思惟作用，唯有如此才能構想種種物事。事實並非如此，潛在的佛陀就在這個罪人的心中；他的未來就在此時。這個潛在的佛陀必須在他心中，在你心中，在每一個人的心中體會出來。高閒達，這個世界既不是有欠完善，也不是沿著一條漫長的途徑在慢慢地向著完美的目標演進。事實並非如此，這個世界時時刻刻莫不完美；每一種罪過的裏面莫不含有著慈善，所有的幼童都是潛在的老人，所有的奶娃娃身上都背負著死亡，所有的垂死之人都有著永恒的生命。在生命之道上，一個人無法看到另一個人走了多遠；佛陀就在強盜和賭徒的心裏；土匪就在婆羅門的心中。在甚深禪定之中，不但可以打破時間的觀念，而且可以同時澈見過去、現在、以及未來三時的一切，而在這種境界之中，一切莫不皆善，一切莫不完美，一切都是清淨的梵。因此，在我看來，一切無有不善——生固善，死亦善；聖固善，凡亦善；智固善，愚亦善——一切平等，無有高下。一切的一切，皆不虛設，一切的一切，只要我予以同意，只要我予以認可，只要我給予親切的體諒，那麼一切也就與我相得益彰，也就無害於我。高聞達，我從全副身心實踐力行而知：我必得犯罪，必得貪婪，必得努力追求財富，體驗噁心的痛苦，陷入絕望的深淵，始能學到不再抗拒這些，始能學到愛護這個世界，始可不再將它與某種理想的世界、與某種想像的完美景象比對而觀，始能一任純真自然，不加干擾，始能愛它，始能心悅誠服地歸屬於它。高聞達，這就是我心中的一些想法。」

悉達多彎下身去，從地上撿起一塊石頭，拿在他的手裏。

「這個，」他在手裏抖弄著說道，「是一塊石頭，在某種長度的時間之內，它也許會化成泥巴，而後又從泥巴變成植物，變成動物或人。若在以前，我會這樣說：這塊石頭只是一塊石頭；它屬於虛幻的現象界，沒有任何價值可言，但也許由於它可以在變化循環之中而變成人和精神，故而也有它的重要性。這是我從前不會想到的。而今我卻這樣想了；這塊石頭是石頭；它也是動物，也是神和佛。我不是因為它先是某樣東西，而後又變成另外一樣東西而尊重它，愛它，而是因為它不但老早就是每一樣東西，而且永遠是每一樣東西而尊敬它，愛它。我之所以愛它，只因為它是一塊石頭，只因為它今天此刻在我看來是一塊石頭。我可以在它底每一個細微的花紋和孔隙中，在它底黃色和灰色中，在它底堅硬性質中，在它受到叩擊而發出的聲音中，在它底表面所顯示的乾燥或濕度中，見出它的價值和意義。有些石頭摸來像油脂，像肥皂，有些石頭看來像枯葉，像沙土，各各皆有不同的面貌；各各皆以其固有的神態崇拜「唵」字真言；各各皆是大梵的化身。同時，它又是十足的石頭，不論摸來像油脂還是像肥皂，都是一樣，而這正是使我高興的所在，似乎微妙而又值得崇拜的地方。不過，關於此點，到此為止，不再多說了。思想無法以語言作確切的表現，剛一說出口來，就變得有些不同了，有些歪曲了，有些愚蠢了。不過，對於被甲認為有價值，被甲視為智慧，而乙認為荒誕不經、毫無意義的想法，我不但隨喜讚歎，而且認為似乎也有它的道理。」

高聞達一直在靜靜地傾聽著。

「你為什麼對我說這塊石頭？」頓了一會，他終於遲疑地問道。

「我這樣說完全出於無心。不過，這樣說也許可以表明我愛這塊石頭和這條河流以及我們眼睛可以看見的一切，只因為我們可以從這些東西體悟真理的本身。高聞達，我可以愛一塊石頭，愛一棵樹木，甚或愛一塊樹皮。這些都是東西，而人是可以愛物的。但是我們不能愛言語。因為各種言教對我都沒有用處；它們既無硬度，亦無柔性；既無色彩，亦無稜角；既無氣味，亦無味道——除了語文之外，一無所有。你的心至今未得安穩，問題也許就在這裏，也許是被太多的言教障礙住了，縱然是為了解脫和德行，也是荊棘。高聞達，所謂輪廻與涅槃，也只是名言而已。涅槃並無其物，有的只是涅槃一詞而已。」

高聞達說：「我的老兄，涅槃並不只是一個名詞而已，也是一種思想。」

悉達多接著說道：「它也許是一種思想，但是，我的老弟，我得坦白對你說：對於思想與語言之間的差異，我不做太大的分別。不瞞你說，我對思想也不太重視。我較重視實際的東西。舉例言之，這個渡口曾有一個人，是我的前任兼導師。他是一位聖者，多少年來，他只信這條河流，其餘一概不信。他注意到這條河對他講經說法。他向這條河學習，它也教導了他。這條河對他好似一位神明，許多年來，他一直沒有知道，每一陣風，每一片雲，每一隻鳥，每一條蟲，莫不皆與他所尊重的這條河一樣的神聖，一樣的無所不知，一樣的可以講經說法。但這位聖人終於在進入山林的時候明白了一切；他雖沒有老師，沒有課本，但他比你我懂的還多，其所以如此，就因為他信奉這條河的啟導。

高聞達說：「但你所謂的東西，是真實的東西麼？是有實體的東西麼？難道不過只是虛幻的妄覺，只是徒有其表的形象麼？你所說的石頭，你所說的樹木，都是真實不虛的麼？」

「這些對我也不成什麼問題，」悉達多說道。「既然它們是幻，那我也是幻；它們既與我皆是幻，則其性亦與我不二了。這就是使它們顯得如此可愛，如此可敬的地方。這就是我何以能夠愛它們的原因。而這就是你會嘲笑的教義。高聞達，在我看來，愛是世間最重要的東西。對於大思想家而言，探討這個世界，解釋這個世界，而後輕視這個世界，也許頗為重要；但在我看來，唯一重要的是愛這個世界，而不是輕視這個世界，不是從此憎恨，而是要能以愛心，欽慕，以及尊重來看這個世界和我們人類本身以及所有的一切眾生。」

「這個我明白，」高聞達說道，「但那豈不就是世尊所說的幻妄麼？他講過慈善，克己，憐憫，忍耐——但就是沒有談過愛。他禁止我們讓自己繫縛於世俗的愛上。」

「這個我知道，」悉達多精神奕奕地微笑著說道，「高聞達，這個我知道，而這兒便是我們容易陷入語義迷宮和文字矛盾的地方，因為我要承認，我所說的有關愛的話，與大覺世尊所說的言教之間，有著顯然的牴觸。這就是我所以不太信任語言的道理，但我知道這種牴觸也是一種幻妄。我知道我與佛陀沒有異見。實在說來，他既看清人類一切皆屬虛幻無常，然而又那樣愛護人類，乃至將他漫長的一生完全用於幫助並開導有情眾生，怎麼可以說他不懂愛的意義呢？並且，對於這位偉大導師，在我看來，事情的本身勝於語言；他的德行和為人重於他的言教，他的手勢重於他的言論。我之所以認為他是一位偉人，並非在於他的言詞和思想，而是在於他的德行和為人。」

這兩位老人沉默了好一陣子。而後由於高聞達準備啟程，這才說道：「謝謝你了，悉達多，謝謝你對我講了你的一些想法。其中的若干觀點不免有些新奇，非我一下所能理解。不論如何，謝謝你，並且祝你平安愉快！」

話是這樣講，但他心裏仍在想道：悉達多是個怪人，而他所說的想法也很奇怪。他的觀念似乎也很癲狂。世尊所說的教義，聽來是多麼地不同！它們清楚明白，直截了當，容易理解；它們裏面沒有怪異，熱狂，或者可笑的東西。但是，悉達多的手和腳，他的眼神，他的眉宇，他的氣息，他的微笑，他的招呼，他的步態，所給我的感受，跟他的想法卻大為不同。自從大覺世尊般涅槃以後，在我所遇到的人中，除了悉達多以外，從來沒有一個人使我有過如此的感受：這是一位聖人！儘管他的觀念有些怪異，儘管他的語言有些愚昧，但他的眼神和他的手，他的皮膚和他的頭髮，全都放射著一種清淨，安詳，沉靜，溫和而又聖潔的光采——所有這些，自從我們的導師過世以後，我一直沒有在任何人身上見到過。

高聞達如此想著想著，心裏不禁起了矛盾，於是滿懷敬意地再度向悉達多躬身作禮。他拱起手來向這位靜靜坐著的人深深鞠了一躬。

「悉達多，」他說，「你我現在都是老人了。此次分別之後，也許此生就無緣再見了。我的老友，我看得出來，你的心已經安穩了。我知道我還沒有達到這個地步。我敬愛的老友，請再給我一言半語，給我說些我可以想像的東西，給我說些我可以理解的東西！悉達多，給我說些可以助我上道的東西！我所走的道路總是艱難而又幽暗！」

悉達多默不作聲，只是以他那種沉著而又安詳的微笑望著他。而高聞達則帶著焦急和渴望的神情定定地注視著悉達多的面孔；那種不斷追尋而又接連失敗的痛苦，都從他的眼神之中露了出來。

悉達多看著，微笑著。

「彎下身來靠近我！」他在高聞達耳邊輕聲說道。「過來，再靠近一點，很近很近！高聞達，吻我的前額。」

高聞達吃了一驚，但在一種至愛和預感的驅使之下，他又服從了他的指示：他傾身向前，以他的雙唇在他的前額上面親了一下。就在他如此做的當兒，他得了一種奇妙的感覺。這種感覺，就在他仍在吟味著悉達多的奇言怪語的時候，在他正在徒然地努力袪除時間觀念、觀想涅槃與生死不二的當兒，甚至在他仍在輕視其友之言與敬愛其友其人的矛盾之際，在他身上出現了。

他不再見到他的好友悉達多的面孔了。相反的，他卻見到了其他種種的面孔，許許多多的面孔，一連串川流不息的面孔之河——數以百計，數以千計的面孔，都在不斷地出現著，不斷地消失著，同時卻又似乎仍都存在著，都在繼續不斷地改變著，都在不斷地自動更新著，而所有這一切的面孔，仍然只是一個悉達多。他見到一條魚的面孔，一條痛苦地張著大口的鯉魚面孔，一條兩眼無光的垂死之魚的面孔。他見到一副新生嬰兒的面孔，滿臉紅紅的皺疊，一副張口要啼的樣子。他見到一個兇手的面孔，見到他用一把匕首刺入一個人的肉體之中，同時又見這個兇犯屈下雙膝，被人反綁著，被劊子手砍下腦袋。他見到男男女女赤裸著身子，以各式各樣的姿勢從事銷魂蕩魄的愛的發洩。他見到許多屍體伸開著四肢，死寂，冰冷，而又空虛。他見到各種動物的腦袋——野豬的腦袋，鱷魚的腦袋，巨象的腦袋，公牛的腦袋，鳥類的腦袋。他見到克里希納⑥和阿耆尼⑦。他見到所有這些形體和面目，彼此之間各以千種不同的關係關聯著，悉皆彼此相助，相愛，相恨，相毀，而後新生。各各皆有死亡，各各皆是一切無常的一種範例。但他們之中沒有一個死滅；他們只會改變，總會再生，不斷地以一副新的面貌出現：只有時間介於這副與那副面目之間。而所有這些形體與面目都會安息，流動，再生，游過，並融入彼此之中，而在它們全體上面，總是籠罩著一種稀薄、虛幻而又實在的東西，好像一層薄薄的玻璃或者冰衣，就像一種透明的皮膚，外殼，形體，或者水的面罩，蓋在它們上面一般——而這副水的面罩就是悉達多的笑靨，就是高閒達在那一剎那親吻的那副面孔。並且，高閒達看出，這副面罩樣的笑靨，這副統合諸種流體的笑靨，這副同時涵蓋千生萬死的笑靨——悉達多的這副笑靨——跟他曾以敬畏的態度瞻仰百次的大覺世尊的那種靜穆微妙，不可思議，或許慈悲，或許嘲諷，或者智慧的千重笑容，完全沒有兩樣。高閒達知道這位至人就以這種方式在微笑著。

當此之時，高閒達如被聖箭擊中要害似地感到無限的快樂，無限的陶醉，無限的得意，既不知時間之存在與否，亦不知此種示現⑧究經刹那還是百年的工夫，更不知世間有無悉達多或高聞達其人，有無自己與他人；既是直立著，卻又附身在他剛剛親過、剛剛還是現在與未來一切形象舞臺的安詳面孔上面。照見千重形象的明鏡，雖然已從表面消失了，但悉達多的那副面貌和神情仍然沒有改變。他仍像大覺世尊笑過的一般笑著，安詳而又溫和地笑著，或許非常慈悲地笑著，或許有些嘲諷地笑著。

高聞達深深躬下身去，老淚禁不住地淌下在他的臉上。他被一種至愛和極度的虔敬之感攝住了。他五體投地的拜伏在這位如如不動地坐著之人的跟前，此人的微笑使他想起了他平生所曾愛過的一切，使他想起了他平生認為神聖而又有價值的一切。

【譯　註】

① 安居時期(a rest period)，此詞原文的字面意思「一段休息的時期」，但此處所指，當係正規僧侶，定期舉行的「安居」。佛學大辭典云：印度僧侶，兩期三月間，禁止外出而致力坐禪修學，是名兩安居（亦作「雨安居」，蓋安居期多在雨季故），異名坐夏，坐臘等，始此謂之結夏，終此謂之解夏。業疏四曰：「形心攝靜曰安，要期在住曰居。」又，行事鈔資持記四之

二云：結夏之時期，舊譯家分前、中、後三期，始於四月十六日者為前安居，始於五月十六日者為後安居，始於中間者為中安居。其日數為九十天。新譯家譯為二期，前安居始於五月十六日，後安居始於六月十六日，而無中安居。但中國和日本之僧徒皆取四月十六日入安居之日。西域記二曰：「印度僧徒，坐兩安居，前代譯者，或云坐夏，或云坐臘。」參見本章譯註③。

② 尊者：梵語阿梨耶，譯作聖者，尊者，謂智、德俱尊者。

③ 法臘，簡稱「臘」，或作「蠟」亦即正式為僧之年資也，佛學大辭典云：歲終祭神，漢謂為「臘」，因而比丘受戒後，終三旬之安居，名為「臘」，取歲終之義也。出家之年歲與俗異，以受戒以後之安居數為年次也，故有「戒臘」、「夏臘」、「法臘」，等稱。玄應音義十四曰：「今比丘或言臘，或言夏，或言雨，皆取一終之義。案天竺（印度）多雨，名雨安居，從五月十五日至八月十五日也。土火羅諸國至十二月安居，今言臘者，近是也。此方言夏安居，各就其事制名也。」又，「臘次」或「僧次」（僧在僧團中的位次）亦由此而來。參見本章譯註①。

④ 正名(to live right)，為八正道之五，謂清淨身、口、意之三業，順於正法而活命，離五種之邪活法，以無漏之戒為體，詳見本書第一部第三章「大覺世尊」下譯註④。

⑤ 正業(to do right)：八正道之四，謂以身、口、意之三業清淨，離於一切邪妄也：以真智除身之一切邪業，住於清淨之身業也，以無漏之戒為體。詳見本書第一部分第三章「大覺世尊」

下譯註④。

⑥ 克里希納(Krishna)，今譯「基士拿」，為毘瑟笯之別名，詳見第二部分第一章「青樓艷妓」下譯註②。

⑦ 阿耆尼(Agni)，亦譯惡祈尼，為火神之名。

⑧ 示現(display)，原文字面意義為「展示」，唯此處所指不同於一般的展示，乃指諸佛菩薩應種種機緣而現種種身形以度應機之人也，如觀音菩薩所現三十三種身分，即是其例，在此所現佛的微笑，可說是以一種無言的形象說法度人的例子。明代高僧憨山德清在其所著《觀老莊影響論》(一名「三教源流異同論」)中說佛示現的人間度生云「……故現身三界，與民同患，乃說離欲出苦之要道耳。且不居天上而乃生於人間者，正示十界因果之相，皆從人道建立也。然既處人道，不可不知人道也。故吾佛聖人，不從空生，而以淨飯為父，摩耶為母者，示有君親也；以耶輸為妻，示有夫婦也；以羅睺為子，示有父子也。且必捨父母而出家，非無君親也，割君親之愛也；棄國榮而不顧，示名利為累也；擲妻子而遠之，示貪欲之害也；入深山而苦修，示離欲之行也；世習外道四遍處定，示離人而入天也；捨此而證正徧正覺之道者，示人天之行不足貴也；成佛之後，入王宮而舁父棺，上忉利而為母說法，示佛道不捨孝道也；依人間而說法，示人道易趣菩提也；假王臣為外護，示處世不越世法也；此吾大師示現度生之楷模，垂誡後昆之弘範也……。」

赫塞年譜

一八七七年　　七月二日，赫塞出生於德國南部席瓦本地方的小鎮卡爾夫，是約翰涅斯·赫塞與瑪麗·赫塞的次子。

一八八一年　四歲　一家移往瑞士的巴塞爾。雙親從事指導海外傳教士工作。

一八八二年　五歲　赫塞已經會做即興詩。

一八八六年　九歲　一家搬回卡爾夫鎮。

一八九〇年　一三歲　為準備進入神學校，就學於杜賓根拉丁語學校，立志要作詩人。

一八九一年　一四歲　九月，考入墨爾布隆神學校。

一八九二年　一五歲　三月，突然離校，放棄學業。五月，為醫治神經衰弱，被送至神學者之家寄居，企圖自殺，未遂。十一月，進入肯席達特高級中學。

一八九三年　一六歲　十月，由高中退學。十月底，到書店見習。三天便逃跑。回到卡爾夫幫忙父親的牧師工作。祖父去世。

一八九四年　一七歲　在卡爾夫擔任機械師的學徒，被譏為「神學家工人」。

一八九五年　一八歲　十月，在杜賓根的赫肯豪書店見習。暫時安定下來，開始寫詩與散文。

一八九九年　二二歲　自費出版第一本詩集《浪漫之歌》（*Romantische Lieder*），發表散文集《午夜後的一小時》（*Eine Stunde hinter Mitternacht*）。是年秋天，轉往巴塞爾萊席書店任職。

一九〇一年　二四歲　第一次旅行義大利。由於萊席書店的好意幫助，《赫爾曼・洛雪爾——青春時代》（*Hermann Lauschers hinterlassene Schriften*）一書刊行。

一九〇二年　二五歲　出版《詩集》（*Gedichte*），獻給母親瑪麗，但在詩集付印前，她已去世。

一九〇四年　二七歲　《鄉愁》（*Peter Camenzind*）由柏林費舍書店出版，深獲好評，奠定了新進作家的地位。次年由此獲得維也納的波耶崙費爾特獎。與瑪莉亞・佩諾利結婚，移居波登湖畔的小村凱恩赫芬。沉湎於大自然中，專心創作。刊行小傳《薄伽邱》（*Boccaccio*）、《聖法蘭西斯》（*Franz von Assisi*）。

一九〇五年　二八歲　長子布魯諾誕生。

一九〇六年　二九歲　《心靈的歸宿——車輪下》（*Unterm Rad*）出版，大獲成功。此外，還寫了小品文多篇。

一九〇九年　三二歲　次子海那出生。赫塞訪問作家威爾赫爾姆・拉貝。

一九一〇年　三三歲　出版描述音樂家的小說《生命之歌》(*Gertrud*)。和瑞士的音樂家締結深交。

一九一一年　三四歲　盛夏至年末，到新加坡、蘇門答臘、錫蘭等地旅行。三子瑪爾丁誕生。

一九一三年　三六歲　出版遊記《印度紀行》(*Aus Indien*)。

一九一四年　三七歲　描寫畫家的故事《藝術家的命運——湖畔的畫室》(*Rosshalde*)出版。七月，第一次世界大戰爆發。為伯爾尼的俘虜保護組織工作，為德國俘虜熱心地效力。奮不顧身地高呼和平主義。

一九一五年　三八歲　《漂泊的靈魂——流浪者的故事》(*Knulp*)、詩集《孤獨者的音樂》(*Musik des Einsamen*)出版。羅曼・羅蘭對赫塞的和平主義發生共鳴，八月來訪。

一九一六年　三九歲　《美麗的青春》(*Schön ist die Jugend*)出版。父親約翰涅斯去世，三子瑪爾丁病篤。妻瑪莉亞精神病日趨嚴重，這一連串的精神壓迫，加上慈善事業過分忙碌，使赫塞患了神經衰弱，健康狀態逐漸惡化，住進魯柴倫的松麻特療養院，接受精神分析學泰斗楊格的門生精神病醫師蘭克的治療。開始閱讀精神分析大師佛洛伊德、楊格的著作，受佛洛伊德、楊格的影響很大。

一九一九年　四二歲　以辛克萊的筆名發表《徬徨少年時》(*Demian*)，在青年群中掀起衝擊性的狂飆。以此獲得方達諾獎。次年第十七版復以真名重刊，辭獎不受。是年離開瑪莉亞夫人，移往瑞士南部的蒙達紐拉定居。刊行童話集《梅爾恩》(*Märchen*)，及隨筆與短篇小說《小家庭》(*Kleiner Garten: Erlebnisse und Dichtungen*)，熱中於畫水彩畫。

一九二〇年　四三歲　《畫家的故事》(*Gedichte des Malers*)——詩與水彩畫、《流浪》(*Wanderung*)——隨想錄、詩與水彩畫、《混沌之一瞥》(*Blick ins Chaos*)——評論集、《克林梭最後的夏日》(*Klingsors letzter Sommer*)等出版。

一九二二年　四五歲　《悉達求道記》(*Siddhartha*——通譯《流浪者之歌》)出版。

一九二三年　四六歲　五月，T·S·艾略特來訪。九月，與第一任妻子瑪莉亞正式離婚。每年秋末都到蘇黎世附近的巴登硫磺溫泉治療坐骨神經痛與風濕病，如此有三十年之久。獲得瑞士國籍。

一九二四年　四七歲　一月，與露蒂·布恩卡結婚。妻子的母親莉莎是瑞士女作家與畫家。

這次婚姻僅維持三年即告破裂。

一九二五年　四八歲　出版《溫泉療養客》（*Kurgast, Aufzeichnungen von einer Badener Kur*）。秋天，到德國南部的三個城鎮旅行，在慕尼黑遇見了湯瑪斯・曼。愛好卓別林的電影，對幽默與諷刺開了眼界。

一九二七年　五〇歲　《荒野之狼》（*Der Steppenwolf*）出版。跟第二任妻子露蒂離婚。與妮儂・杜魯賓相識，後結為終生伴侶。《紐倫堡之旅》（*Die Nürnberger Reise*）出版。

一九二九年　五二歲　把二十年間最重要的詩作集為《夜裏的安慰》（*Trost der Nacht*）出版。開始撰寫《世界文學文庫》（*Eine Bibliothek der Weltliteratur*——中譯本改名為《如何閱讀世界文學》）。逐漸恢復健康。

一九三〇年　五三歲　較長篇的《知識與愛情》（*Narziss und Goldmund*）出版。

一九三一年　五四歲　十一月，與學養豐富的美術家妮儂・杜魯賓結婚。開始撰寫壓卷鉅著《玻璃珠遊戲》。

一九三二年　五五歲　出版《東方之旅》（*Die Morgenlandfahrt*）。為了紀念歌德逝世一百周年，發表《感謝歌德》（*Dank an Goethe*）。

一九三五年　五八歲　《寓言集》(*Das Fabulierbuch*)出版。

一九三六年　五九歲　弟弟漢斯自殺身亡。獲得瑞士最高文學獎凱拉獎。

一九三九年　六二歲　第二次世界大戰爆發。赫塞在當時納粹的德國是「不受歡迎的作家」。印刷用紙配給也被停止。

一九四三年　六六歲　在瑞士出版二十世紀偉大的鉅著《玻璃珠遊戲》(*Das Glasperlenspiel*)二卷，被視為一生文學創作的總結。

一九四四年　六七歲　一生至友羅曼・羅蘭去世。德、日軍敗勢日增。

一九四五年　六八歲　第二次世界大戰結束。出版短篇與童話《夢的痕跡》(*Traumfährte*)。

一九四六年　六九歲　接受法蘭克福市的歌德獎，又榮獲諾貝爾文學獎。發表獻給羅曼・羅蘭的評論集《戰爭與和平》(*Krieg und Frieden*)。此後，一直過著閒適安逸的生活。

一九四七年　七〇歲　紀德來訪。伯爾尼大學授與赫塞名譽博士稱號。

一九五〇年　七三歲　勃朗斯懷克市頒贈赫塞拉蓓獎。

一九五一年　七四歲　出版《後期的散文集》(*Späte Prosa*)、《書簡集》(*Briefe*)。

一九五二年　七五歲　慶賀七十五歲的紀念會在德國、瑞士等地舉行。編成六卷的《赫塞全集》(*Gesammelte Dichtungen*)由茲魯肯普出版社出版。

一九五四年　七七歲　出版《赫塞與羅曼·羅蘭二人的書信集》(*Hesse-Rolland, Briefe*)。西德總統頒發功績(*Pour le Mérite*)勳章給赫塞。

一九五五年　七八歲　獲得德國書籍業商會和平獎。出版《回顧曩昔》(*Beschwörungen*)。湯瑪斯·曼去世。

一九五六年　七九歲　在西德卡爾斯魯厄市，設立「赫爾曼·赫塞獎」。

一九六二年　八五歲　八月九日，在蒙達紐拉的家中，因腦溢血於睡夢中逝世。安葬於魯加諾湖畔聖阿邦第歐教堂墓地。

新潮文庫

⊙小說欣賞系列

5 卡拉馬助夫兄弟們 杜思妥也夫斯基著
12 馬克吐溫名作選（12個短篇） 馬克吐溫著
16 美麗與悲哀 川端康成著
20 蛻　變（4個中篇） 卡夫卡著
21 沙特小說選（4個中篇） 沙　特著
23 美麗新世界（烏托邦小說） 赫胥黎著
26 羅生門・河童（9個短篇） 芥川龍之介著
27 地獄變（15個短篇） 芥川龍之介著
29 審　判 卡夫卡著
30 白　牙（動物文學） 傑克・倫敦著
32 瘟　疫（又名：黑死病） 卡　繆著
34 黑暗的心（海洋文學） 康拉德著
35 徬徨少年時 赫　塞著
42 悲愴的靈魂（集中營一日記） 索善尼津著
43 愛的饑渴 三島由紀夫著
44 金閣寺 三島由紀夫著
46 鄉　愁（回憶式的自傳體裁） 赫　塞著
52 心靈的歸宿 赫　塞著

56 生命之歌（一個音樂家的故事） 赫　塞著
58 誘惑者的日記（日記體裁） 齊克果著
60 聖潔的靈魂（7個中短篇） 杜思妥也夫斯基著
64 美麗的青春（5個短篇） 赫　塞著
65 藝術家的命運（一個畫家的故事） 赫　塞著
66 白　夜（4個中篇） 杜思妥也夫斯基著
69 東方之旅（3個中短篇） 赫　塞著
70 漂泊的靈魂 赫　塞著
73 馬爾泰手記 里爾克著
74 魂斷威尼斯 托瑪斯曼著
75 諾貝爾獎短篇小說集 泰戈爾等16位著
82 小丑眼中的世界 磐　爾著
88 菸草路 柯德威爾著
93 翻譯與創作（12個短篇） 顏元叔譯著
96 法國短篇小說選（44個短篇） 卡繆、左拉等著
99 屋頂間的哲學家（12個日記體裁） 梭維斯特著
101 冰島漁夫（海洋文學） 畢爾・羅逖著
102 侏　儒 拉格維斯特著
106 少女與吉卜賽人 勞倫斯著
108 荒野之狼 赫　塞著

新潮文庫

◎名人、偉人傳記

⊙心理學系列

⊙哲學、思想系列

新潮文庫302
流浪者之歌
原著者　赫塞
譯者　徐進夫
初版　1984年8月
重排版　1998年10月
定價160元

發行人　　張清吉
出版者　　志文出版社
地址　　台北市中山北路7段82巷10弄2號
郵政劃撥　0006163-8號
電話　28719141・28730622　傳眞　28719151
行政院新聞局登記證局版臺業字第0950號
印刷所　　大誠印刷廠
法律顧問　蕭雄淋律師

ISBN　957-545-296-8